EXPRESIÓN DEL ALIENÍGENA DE LA REDENCIÓN

MARIANO MORILLO B. Ph. D.

Gotham Books

30 N Gould St.
Ste. 20820, Sheridan, WY 82801
https://gothambooksinc.com/

Phone: 1 (307) 464-7800

© 2023 *Mariano Morillo*. All rights reserved.

No part of this book may be reproduced, stored in a retrieval system, or transmitted by any means without the written permission of the author.

Published by Gotham Books (November 18, 2023)

ISBN: 979-8-88775-402-4   (H)
ISBN: 979-8-88775-400-0   (P)
ISBN: 979-8-88775-401-7   (E)

Because of the dynamic nature of the Internet, any web addresses or links contained in this book may have changed since publication and may no longer be valid.

The views expressed in this work are solely those of the author and do not necessarily reflect the views of the publisher, and the publisher hereby disclaims any responsibility for them.

EXPRESIÓN DEL ALIENÍGENA DE LA REDENCIÓN

REDEMPTION ALIEN EXPRESSION

A MANERA DE INTRODUCCIÓN:

El título de esta creación literaria surge del contenido misceláneo que encierran sus páginas, como verá el lector, esta obra está integrada por: Tres libros dentro de un solo tomo, que encierran Anécdotas, frases célebres, aforismos, canciones y Cuentos. Cada libro podrá ser publicado independientemente según el interés del editor, cada libro trae su subtítulo que identifica el contenido.

Los subtítulos de esta trilogía literaria son: "Expresión De Redención", "Suspiro De Primavera" y "Cuentos De Redención".

Entendiendo que no todos los lectores tienen los mismos niveles culturales, ya sea porque uno conozca más de un género que de otro, nos vemos inducidos a plantearles muy someramente, algunas definiciones del contenido, para una mejor comprensión de la lectura, de manera que el lector quede mejor y más edificado al leer este libro.

La palabra redención viene de "redentio", que significa rescate, rescatar, redimir, o sacar de la esclavitud, a todos aquellos que, aun creyéndose en libertad, están limitados por la ignorancia, que suele inducirlos a la práctica de algo que, de haberlo conocido, no lo hubieran ejercido.

Por ejemplo, antes del encuentro de las dos culturas que, con la llegada de Cristóbal Colón, se llamó el nuevo mundo, se creía que la tierra era plana, y se guillotinaban a las personas que decían que la tierra era redonda, etc. Es sólo un ejemplo para entender, que la ignorancia siempre será madre de todos los males. Y que se necesitó el encuentro del nuevo mundo para el despertar, que al ser comprobado condujo a enmendar, a tal grado que los equivocados se vieron precisados no sólo a aceptar el hecho de que la tierra era y es redonda, la verdad, viene y va, también la historia, tuvo que cambiar, nada permanece estático, ni aun la misma naturaleza, nadie es dueño de la verdad absoluta.

Como tal, qué vendría siendo el aforismo?:
El aforismo se conoce como una sentencia breve y doctrinal que se propone como regla, por ejemplo: `

"Más vale tarde que nunca", etc.

Las frases célebres lucen parecidas pero tienen consecuencias más radicales, por ejemplo Albert Einstein solía decir:
"Si buscas resultados diferentes no hagas siempre lo mismo"

Las anécdotas son acontecimientos que se generan en el diario vivir, a partir de lo que se observa, se contempla o se inventa, pero que también tiene su moraleja, por ejemplo:

Érase una vez que el rio se enturbió porque llovió, se le dijo a King, no andes por allí para que no sufras como los curios, tan sólo sonrió, y desobedeció, y por no hacer caso, el rio lo arrastró.

El cuento se define como una narración corta, en la que intervienen personajes que realizan acciones en lugares y tiempos determinados, como lo verán en "El enano". "Los Miserables Mafiosos", "El Justiciero Invisible", "El alienígena"

Sobre las canciones, podemos decirles que son letras con rimas coherentes que pueden cantarse o recitarse para producir un sentimiento de alegría o tristeza en el corazón del oyente, todos las conocemos, y las hay de muchas expresiones como son románticas, sociales, nacionalistas entre otras, etc.

Las poesías y las canciones tienen un cierto parentesco, muchas veces una y otra, traen estrofas que riman como:

"Cantaré la verdad al despertar, y volveré a nacer para volver a amar, eres luz que a mis ojos le permite captar, la soledad perdida que no volví a encontrar porque llegaste tú, y fuiste la razón, que aquella soledad, ya no volviera más".

Muchas veces las poesías al ser musicalizadas se convierten en canciones que pueden ser cantadas, y al acontecer este paso, se definen las diferencias, porque la poesía se convirtió en canción, al volverse letras arregladas para ser cantadas.

*"Cuidado con conspirar contra el autor,
Porque el autor todo lo convierte en ficción,
y lo que parece ficción, puede ser la clave de la redención"*

PREFACIO

"TERNURAS NOTURNAS"

"Palabras que aclaran la voz de expresión, abriendo las venas de mi Corazón, ternuras nocturnas que expresan amor, que siempre revive la grata pasión.

Es lógica cierta de la comprensión, presta a liberar rompiendo el cordón, que aprieta las manos que trae la esperanza, que crea la pasión de la redención."

Mariano Morillo B. PhD. El autor de la expresión, dueño de un discurso con alto relieve expresivo, donde las palabras protagonizan una lección a la mente y al corazón del lector, dejándole línea por línea en cada página una enseñanza moral que categoriza la razón existencial del ser.

Cada párrafo de su obra va generando un cambio del tradicionalismo literario enmarcado en una sensibilidad que sugiere una esencia sensacional de la razón monumental de la creatividad del poeta, en un existencialismo de la continuidad vital del lector de la globalización.

Ya lo dejamos enmarcado anteriormente, su obra pretende moralizar e imbuir al lector a esa captación de alta sensibilidad deleitando con imágenes que despiertan su curiosidad llevándolo a un clímax reflexivo para que aquel juzgue y comente el mensaje, asimilándolo como suyo e induciéndolo a revolucionar el pensamiento como una extensión para el despertar social que amerita la sociedad momificada, de forma tal que el accionar contribuya a frenar la violencia social. Esta preocupación del autor, lo conduce a mostrar su tierno corazón, en la grata ternura de su gran intención, leámoslo con sagacidad y amor, para que entendamos lo que llamaremos su literatura existencial.

LIBRO UNO

EXPRESIÒN DE REDENCIÒN

PRIMERA PARTE:

*ANECDOTAS, AFORISMOS,
Y FRASES CÉLEBRES.*

SECCIÒN < I >

Y acontecío que en versos el poeta se expresó, y en cada renglón de su expresión, con un alto monólogo impregnó, la aromática sutileza de su audiencia que seguía boquiabierta escuchando con alta presteza e insistiendo el poeta le habló diciendo así:

Que nadie se sorprenda de su esfinge, que efímera se muestra y corre con su aroma a ocultar su grandeza, como el alto secreto que tenía cada día como un céfiro incierto, de una tierra de todos que parecía de nadie, más luego pensó en ellos, en los que tenían todo, sin poder tocar nada, y recordó a su amada, aquella que él veía desde lejos y luego se sonrojaba, porque ella era el amor para su corazón, pero la mente de ella sabiendo que existía no le notificaba, que el corazón de aquella se mantenía encendido como estrella, esperando que aquel alguna vez le diera muestra, de que él también la amaba.

1 -- Eran dos platonismos silenciosos que parecían de locos, y acontecío que un día mientras el tarareaba su tierna melodía, ella con valentía, le regaló un suspiro con el que le dijo:

--- Hoy me muero si no está conmigo.
Él la escuchó en el aire y aún avergonzado por no haberse atrevido, de repente se encaminó de frente y le respondió:

- Hoy moriremos dos, si tus brazos no se abren y me otorgan refugio.
Exasperada ella corrió hacia él, y aquel no esperó nada para besar su amada, y así fue como el poeta consagrado en su amor, todos los días, un verso le decía como una melodía, y seguía y muchas tantas historias le decía y en un monólogo que parecía inacabable, le admitía:

2 -- Tus pupilas me dan vida, y las tengo retenidas en mí mirar, así puedo elucubrar, tu alma de bienestar; y mirar con tu mirar, esa inclinación de amar.

3 -- Siempre aguardé tu llegada, porque tú eras mi morada, la causa reiterativa para adelantar la paz, eres escudo de bondad, de gloria y felicidad, causa eterna de mi amor, por la grata humanidad.

4 -- Existir más allá de la morada del ser, es manifestar la concepción celestial, en el planeta material, donde la tierra muestra su pedestal, y cada acción se manifiesta en el umbral.

5 -- El sol mostró su resplandor, y el amor que me embarga, es ternura y pasión de salvación.

6 -- No es raro que dos almas condicionadas en el destino, se encuentren en el camino, y aunque yo lo ignoraba, no dejaste de ser el amor diferido que traía en mi camino.

7 -- Dios guía los pasos de mi caminar, me otorgó la vida de mi despertar, en cada mañana me hace levantar, su gloria de siempre trae mi bienestar.

8 -- Ojos concentrados por la luz, brillantez del esplendor que sólo me muestra tú, si renazco en primavera, será verdor de mi amor, porque tus besos me activan la sangre en el corazón, eres belleza radiante, que genera mi pasión, eres la paz y la ilusión con muy grata compasión, eres belleza en el cielo, encarnada para mí, por eso sólo contigo se ha de cumplir mi destino.

9 -- Te espero de noche y día con tú hermosa melodía, para mirarme en tus ojos y saber que tú eres mía.

10 -- Te he esperado por milenios para el gran cambio real, para que la humanidad alcance su libertad.

11 -- Optó por mostrarse a los ojos de nadie, y se auto-inhibió de la materia, para cabalgar en la esencia de su espíritu.

12 -- La lectura fortalece el intelecto, eleva el alma y redefine el espíritu, por lo que se amerita poner su cerebro en funcionamiento, antes de poner la boca en movimiento.

13 -- Seguimos siendo y existiendo, en la definición del ser, elevando la esencia hacia la comprensión, del camino de la redención.

14 -- Cuando renace el sol, en su expresión, y se torna en la muestra del amor, define Dios la causa del honor, y en su gloria surge la redención.

15 -- Los primeros en conspirar contra un libertador, son aquellos esclavos que ameritan ser libertados.

16 -- A propósito de fotos, como siendo tan hermoso, me presentan como a un oso?

17 -- Alma de poeta que conduce a la bondad, la salud y la libertad, que genera la armonía al superarse la intriga de aquellos pasados días.

18 -- Un sol radiante que hería la vista, y un frio intenso que torturaba, era la gracia y era la gloria, en la morada donde habitaba.

SECCIÒN < II>

19 -- No siempre danzan a ritmo, sabiduría y religión, una te habla de paciencia, y la otra de redención, una quiere despertarte, y la otra pacificarte, qué dilema hay en la vida que conduce a acorralarte, sin que el dilema te envuelva y te induzca a reencontrarte.

20 -- Gracias señor, como quieras es, vamos avanzando a donde ha de ser.

21 -- ¡Todo es alegría, en la vida mía qué felicidad, tengo que saltar!.

22 -- Sol del esplendor, siempre estoy contigo, porque siempre anhelo tener tu cariño, déjame apreciarte como yo he querido, para confirmar que tú eres mi abrigo.

23 -- Tres palabras para todos que no debemos olvidar, pues son como tres Marías que nos quieren liberar, fe, esperanza y caridad el amor generará, y la grandeza del mundo al hombre levantará, el amor es su soporte y el mundo reclamará, fe esperanza y caridad, por favor lleguen acá, para el alma humanitaria por amor edificar.

24 -- Hoy yo quise cumplir tu gran requerimiento para que nos quedemos felices y contentos, quiero ver tu sonrisa nacida desde adentro, para así demostrarte mi grande sentimiento.

25 -- Es que tu boca me sabe a condimento del que sazona el corazón por dentro, tus hermosos labios me saben a miel y cuando me besa me muestran tu querer.

26 -- Hoy quiero entender, como es de proceder eres la reina que volvió a nacer.

27 -- Si voy a una fiesta y te veo bailar, el ritmo de tu danza me induce a pensar, después de tu regreso, tomé motivación y regresé a la escuela por tu corazón, ahora quiero estudiar y por tu tierno amor, me quiero graduar, con tu mirada te veo liberada, siento que tu amor, es mi redención.

28 -- Te tomo de las manos y siento que la vida me ha dado un gran regalo, y cuando miro al cielo, agradezco a Dios y siento que te quiero.

29 -- Eres mi corazón y te siento latir, si tú me faltaras sentiría morir.

30 -- Que hermosa eres mi bebe, si tú volvieras a nacer yo te volvería a querer, que hermosa eres mi bebé, si tú volviera a nacer, yo te volvería a querer.

31 -- Un Caterpillar privando en hembra, provocaba a los varones, pero las hembras siempre serian hembras, sin que ninguna usurpación lo pudiera evitar.

32 -- Con nostalgia él expresó, y hasta ella se conmovió: Me desesperé, me desesperé, estoy dejando lo grande, para tomar lo pequeño, lo que sucede conmigo, no está enmarcado en mi sueño, trato de verme por dentro, y veo que tengo un concierto, pues tu música me toca, y en mi corazón te enfoca.

33 -- Yo escuché vociferar: ¿Dónde está la flor del sol?
la flor del sol, la flor del sol, tiene gracia y trae amor, en todas las estaciones ella es glorificación.

34 -- Porque portas la energía del poder del creador, ella es graciosa y hermosa y trae toda la bondad, de esa que implanta la gloria, también la felicidad.

35 -- No siempre hay comparación cuando nos muestra su amor, ella es un tierno esplendor, porque es bella su presencia yo pienso en la flor del sol, es tan brillante su esencia no hay otra comparación, y solo eres comparable con la bella flor del sol.

36 -- Brilla mi niña querida, con gracia de la mejor, brilla por siempre mi reina con el tono del amor.

37 -- Acontecen cosas guardadas en secreto, si alguien las revelas, se tornan tormentos, para los que oprimen, y guardan silencio, a ellos no les gustas que hablen de lo cierto.

38 -- Yo guardo tierna impresión dentro de mi corazón, y lo hago siempre pensando, que eres una flor del sol, bella es la naturaleza, bella por gracia de amor, yo me adhiero a la existencia de tan grata creación.

39 — Porque las flores más que las palabras, son elocuentes en el amor, y llevan un mensaje de cariño en alas de su aroma, recibe el esplendor del sol, con esta radiante flor.

40 -- Estamos vivos, e ignoramos cual será el destino que viene curveando, como transitando por nuestro camino.

41-- Tu rostro muestra la condición tímida del amor, no obstante, te amo demasiado, y te abrazo en la intensión de encantar tu corazón.

42 -- Renazco en la esperanza de la luz, mostrando la sonrisa de tu juventud, oferto el amor del corazón, y todo es sólo gloria y redención.

43 -- Cotorra vieja no aprende a hablar, por eso suele tartamudear, la juventud te he de entregar, para después poderte escuchar.

44 -- Cuando despierto veo reflejarse la primavera, y es grato y cierto que el creador nos da un concierto, veo que mi rostro me brilla tanto como un tesoro, cuando confirmo voy descubriendo que es como el oro, y posee el brillo que tanto añoro.

SECCIÒN < III >

45 -- Nunca debemos olvidar que un corazón humilde refleja la grandeza de la vida y atrae la riqueza del alma.

46 -- Escuchar es un don de Dios, y es necesario hacerlo para aprender a discernir.

47 -- Las bondades peregrinas de mi vida, me han llevado hasta el perfil de mí existir, deambulando por veredas sin fronteras, encontré la bendición que yo anhelé.

48 -- Como el hombre injusto es malvado e inclemente, el justo no siempre vive a gusto, frecuentemente suele ser perseguido, y se guarece al centro de su abrigo, se torna duro y tolerante, y va mostrando al mundo sus avances.

49 -- Duro para no desistir de su justicia antes las envestidas del villano, y tolerante para no perder la sobriedad dejándose arrastrar hacia el propósito del malvado.

50 -- Cuando renace el sol en su expresión, y se torna en la muestra del amor, define Dios la causa del honor, y en su gloria surge la redención.

51 -- La esencia del ser nos otorga el poder, será todo lo que debe ser, a nada hemos de temer porque la luz, la portas tú, Dios es nuestro redentor, dador de liberación.

52 -- Es por eso, que no han tenido fuerza ni poder para ultrajarme, cada acción contra mí, los torna infame.

53 -- Pero como soy un hombre de Dios, y no me tiembla la voz, lo que los demás no dicen, me atrevo a decirlo yo.

SECCIÒN < IV>

54 -- Busqué enfusar en la fusta y hablé de los Alibabas:

Es difícil imitar al que es naco natural, mandadero de tercero, con mucha hambre de dinero, suelen crear malestar, a quien le quieren robar, si en el gobierno se insertan se muestran como trujanes, y sin pensar en servir, al erario van saqueando, es cierta la alegación que aunque se vista de seda, "la mona, mona se queda, " al no saber discernir entre condición social, aunque maquillen sus trapos, seguirán siendo patanes, que solo usan al pueblo, cuando pretenden llegar, y cuando se aposicionan, van el erario a saquear, que terrible malestar, si quieren vivir en paz, sus almas deben limpiar, para que no aplique el pueblo su justicia radical.

55 -- El hombre perdió su norte, el planeta está llorando, es tan grande la inconciencia, que el amor perdió su ciencia y como zombis sin rumbo, han hecho a la humanidad, un cúmulo de maldad, donde ya a nadie respetan, ni le dan felicidad.

56 -- Hoy se confunde la fuerza y se pierde la razón, no se sabe a ciencia cierta quien se pone el pantalón.

57 -- Ahora la vida es un caos, donde ya no hay reflexión, el mundo quiere justicia donde no haya confusión, y donde el hombre no abuse de su propia condición.

58 -- No hay nada artificial en tu accionar, hasta tu respirar se muestra natural, quien no entiende te agrega malestar, y de locura te quieren acusar, es profunda la ciencia del vivir, que muy pocos la pueden descubrir.

59 _ Y así vamos entendiendo, que el camino que has de transitar, suele llevarte donde has de llegar, y todo el universo sin frontera, es la grandeza de tu gracia plena.

Y tales palabras de vida reivindican, son causas del amor del más mejor, cada hombre arrastra una misión, y lo que más le importa es la compresión.

Por lo mismo es grato afirmar que todo está por dentro, la belleza es eterna, aunque las arrugas la limiten.

60 -- Es mi parqueo y se lo presto un rato, argumenté al forastero, luego se muestra como el tío Cárpatos, su hostilidad y algunos alegatos, dejaron claro que el forastero sólo pretendía hacerme creer, que el tío Cárpatos no era más que uno, de esos tíos ingratos.

61 -- Como el hombre injusto, es malvado e inclemente, el hombre justo que suele ser perseguido, debe ser duro y tolerante. Duro para no derrumbarse antes la envestida del villano, y tolerante para no perder la sobriedad dejándose arrastrar hacia el propósito del malvado.

62 -- Gracias tierna primavera, la nieve no te supera, eres esplendor del amor, serena y sin tempestad, con lluvia germinará, tú verdor te sostendrá y el amor, renacerá.

63 -- Las bondades peregrinas de mi vida, me han llevado hasta el perfil de mí existir, deambulando por veredas sin fronteras, encontré la de mi bendición pasión.

SECCIÒN < V >

64 -- Andaba por el sendero del destino y en medio del camino vislumbré que un granjero hablaba con ternura a sus hijuelos, mucho tiempo después de que el hombre asimilara que era hombre, y tratando de instruirlos en el quehacer existencial, les hablabas acerca de la vida intentando proporcionarles una enseñanza moral, de esas que ningún profesor fuera de él les podría suministrar, entonces muy seguro de sus resultados le dijo al mayor de los dos:

---- He logrado juntar estas varas con la intensión de probar cómo puede presentarse la fortaleza del alma intentando definir las virtudes del espíritu, así pues, que quiero que intentes romperlas.

Su primogénito agarró el paquete con las varas e intentó romperlas con mucha dificultades, pero sin ningún resultado, agotado el tiempo del intento, lo sustituyó por el hermano menor, quien traía habilidades naturales. El padre desconocía que aquel pudiera otorgar una respuesta automática, vio que aquel tomó el paquete de varas, y fue separándolas una por una hasta que logró romperlas todas.

El padre felicitó al pequeño delante del más grande al tiempo que cuestionaba acerca de cuál sería la moraleja?.

Antes tal cuestionamiento ambos guardaron silencio, entonces él les respondió:

---- Es muy simple, nunca lleguen a olvidarlo, << la uníón hace la fuerza>>.

65 -- Es sorprendentes admitirlo, pero es necesario plantearlo, la religión confunde y fanatiza al indocto, adoctrina al bueno y frena al malvado.

66 -- Suelen decir los creyentes con entera convicción, y al elevarle el tonito viven llenos de emoción, y así entonan su canción:

<<Con paciencia y calma, se sube un burro en una palma>>, es lo que suelen decir los que han logrado la fe, los que carecen de ella, siempre suelen agregar que todo se hace posible, si la palma está en el suelo y el burro camina en ella.

67 -- Un descontrolado aborto criado, trató de lacerar mi caminar, le dije no persista en tu violencia, que aún sigo montado sobre mi pedestal, la ve (V) estampada en mi frente, es muestra de que el universo me otorga la alegría de su concierto, teniéndome presente entre la gente, permitiendo que aún pueda volar montado sobre mi pedestal, insistiendo en que lo de adentro ,mostrará al ser de mi renacer, que la (V) que en mi frente se ve, me indujera a triunfar, la victoria me indica, que habiendo yo nacido para el triunfo, no existe la derrota en mi camino, cada atadura que obstruye mi acción, es fortaleza de mi comprensión de que cada bienestar, es glorificación a mi ideal.

68 -- Gracias señor por tu inspiración, que ha logrado expandir tu creación, gracias te doy por tu grato amor, gracias, señor por tu reflexión, eres dador de la redención.

El mundo anda confundido con caminos diferidos, buscan hacer algo nuevo para colectar dinero, multitudes dispersadas sin sus moradas habitadas, fosas comunes sin parientes ni agua ardiente.

69 -- Mientras otros fabrican cuerpos con glúteos exagerados, sin sillas donde sentarlos, las medidas reducidas clamaban: Cambió la vida, la sociedad se había inflado,los burócratas indignados, pronunciaban asustados, ya carecemos de tierra para guardar el ganado, no importó el torpedo rojo hecho en el laboratorio, el corona fue su antojo, lanzado como despojo, pues mató lo suficiente como un ingrato imprudente para que nacieran más.

70 -- El corona virus no ha sufrido y en invierno buscó abrigo, anda diciendo la gente que lo tienen escondido.

71 -- Yo vislumbré el perfil de la esperanza, y definí lo que habría de ser la causa, al despertar yo me adentré a cabalgar, hasta llegar donde me habría de encontrar.

72 -- Cuando dos diosas te maravillan y te iluminan con prontitud, tú las percibes como la luz, y a cada instante las va pensando, para enterarte cual es el rayo que quieres tú, vas transitando en el despertar, para enterarte cuál es la diosa que has de adorar.

73 -- Tu rostro muestra, la tímida condición del amor, mientras que te amo tanto, que mis brazos intentan llevar mi encanto a tú corazón.

74 -- El trauma de los tiempos radica en que los amigos de lo ajeno, sufren al saber que tendrán que devolver lo que intentaron saquear.

75 -- Por fe sabemos que después de la tormenta viene la calma, porque si lo que sostiene esa condición no existiera, entonces podría ser lo contrario, pero la fe nos hace atraer esa realidad esperada porque la fe, es creer en lo que no se ve, y su recompensa, alcanzar lo que se cree.

76 -- En un buen día temprano en la mañana, saludé a la mucama con esmerado trueno de entusiasmo, al escucharme ella me sonrió y a mi noble sonrisa le agregó la gentileza de su condición, y me dijo: Todo el tiempo usted ha sido un amor, y sin su comprensión no hay forma de sentir esta tierna emoción, porque usted irradia esperanzas y va admitiendo la causa, es como el ave fénix que se reconstruye de su propia ceniza, y siempre permanece como el sol, con la frente en alto, y la mirada serena, es como el soldado de Dios, cargado de optimismo, capacitado para decir: "Restauraré a la sociedad, y escindiré la justicia social, nadie lo impedirá, porque Dios guiará y el tiempo llegará.

77 -- Yo agradecí el gesto y caminé derecho.

78 -- La melodía de tu jerarquía, me induce a hablarle de lo que quería, eres grandiosa tierna y muy graciosa, todos te admiran, eres esplendorosa!

79 -- Es perdonable que el hombre tenga necesidad, lo que no es perdonable es que por un soborno, pierda su dignidad.

80 -- Sabuesos que exploran tú rastro al andar, lobos que merodean tu contexto buscando en tu esfinge un simple defecto, vampiros con colmillos encendidos que buscan desangrar tu contenido.

81 -- El amor es lo mejor se describe en mi oración:
Basta con que me besa, basta con que me abrace, si tú no puedes más, te otorgo mi piedad.

82 -- Esa es la grata expresión del amor, del corazón, para aquellos que se aman, es la mejor comprensión.

83 -- Ella se quejó, por cierto, de los grandes contratiempos, de quienes quieren a espuelas, y su amor, nada remedia, y tocó mi corazón la palabra del señor, motivado le expresé:

Si esa concepción promueve, yo te amo como quieres, y mi amor es el mejor y no encierra confusión, dice Dios, nuestro señor.

84 -- Dejas que los desesperados, se desesperen, porque los que en su desesperación desechen, integrará el reino de tu cielo.

85 -- Hay quienes entienden que "es mejor dar que recibir" y que todo aquel que pide es porque está presto a dar.

86 -- Ay de aquellos que, por su condición de ignorancia y limitación, solo solo usan la boca para atraer maldición.

87 -- Esperar en Dios, es dulcemente inquietante, pero vale la espera, cuando Dios te responde te atrae la primavera, y que por donde quiera la gracia de su gloria, resulta más satisfactoria.

SECCIÒN < VI >

88 -- La sociedad está invadida a merced de lo peor, ya nadie ni se imagina lo que significa amor.

89 -- Rufianes impenitentes, anda diciendo la gente, creadores de infecciones, sin medir los pormenores, gerentes de latrocinios, hipócritas sin cariño, rompedores de inocencia, amantes de la imprudencia, accionistas de malicia que confunden el saber, con lo que no debe ser.

90 -- Procedamos todos unidos, sin que seamos confundidos, luchemos contra el dolor, que c ontradice el amor, luchemos por la bondad, de los que quieren la paz, impidamos la inconsciencia de los que crean la violencia.

91 -- Sigue tranquilo y sereno, aguarda con mucho amor, que el fuego que trae tu alma, lo refleja el corazón, sigue aguardando sereno, el tesoro del señor, el zafiro de su gloria que al nacer él te asignó, las bendiciones se tardan, pero si las otorga Dios, vale la pena esperarlas, porque te sanan el alma.

92 -- Tolerar es de maestros, de los que admiran las flores y danzan con alegría, el canto que el ruiseñor, suele entonar cada día.

93 -- El tolerar tiene un límite que el abusador no entiende, cuando la burla se extiende y la adrenalina sube, la danza de la justicia se impone como la brisa, el fuego que no encendía, se atiza junto a la brasa, y relinchan los caballos en plena caballeriza, y el abusador no sabe cómo evitar no ser trizas, de la radical justicia.

94 -- Luz que induce a realizar, bondad que inclina a crear, las confusiones nos llevan a errar, pero el error nos hace despertar, la libertad debemos asimilar, para que cada día la justicia podamos aplicar, el villano jamás nos volverá a golpear, porque yo soy el camino y la vida, y tengo el control para un mundo mejor.

95 -- Dios gracias por este día, señor de las melodías, autor de la causa mía, eres el único que entrega todo por todos, porque sabes que el amor comprado, no es amor sincero.

96 -- Ayurdeba y Miroslaba eran dos vacas encantadas, todos los toros caían antes sus tiernas miradas, de corrales similares donde pastaban arena que confundían con avena.

Ayurdeba y Miroslaba, eran vacas muy extrañas, muy graciosas y jactanciosas que todo el que las mirabas, pensaba que eran hermosas, qué vacas más primorosas! Todos les llevaban rosas!

97 -- Los inconscientes e insensatos, suelen mostrarse de rato en rato, confundiendo la libertad con el libertinaje, para sembrar muchos malestares.

98 -- Eres el esplendor después del sol, que resplandece en todo lo que acontece.

99 -- Eres la grata iluminación, sin duda alguna, eres expresión de recreación.

100 -- Los ojos que te contemplan se deleitan, al animar la presencia de tu grandeza.

101 -- Las imitaciones siempre serán burdas y no originales, el talento nace y no se fabrica.

102 -- Antes de que te lamas el dulce, te hacen saborear la amalgama, que es como probar la retama.

103 -- Eres un grato misterio generadora de ciencia, y al hombre que tú enamora se le expande la conciencia.

104 -- Esa virtud que tú tienes la genera el creador, por eso tu tierna gracia es creadora de amor, tanto así que si te miro, siento tu respiración.

105 -- Y todos tus movimientos son cadencias de un concierto que emana de la expresión del favor del creador, por eso ha sido el canal del redentor, para que llegue la gracia del amor.

106 -- La plata y el oro forman el tesoro y el que lo posee es un gerontólogo. Las risas van atizando las chispas del existir y al despertar cada día yo siento tu melodía, y te miro sonreír y el amor y el calor de tu sonrisa me dignifica.

107 -- Los creadores de desasosiego recurren a mandaderos de tercero para materializar sus maldades, luego se muestran como ignorantes de lo

acontecido hipócritas ¿Acaso creen que se esconderán de la visibilidad de Jehová?

108 -- Señor, lléname de gloria y esperanzas, ven y redefine la causa, que la luz se enfoque en mis añoranzas.

109 -- Dios bendice a sus hijos, y en medio del desierto les da agua.

110 -- Cuando un impertinente te acuses de una falacia guarda silencio, que la gracia del espíritu lo pondrá en tela de juicio.

111 -- Luz de claridad, ternura y bondad, eres mi deleite mi gracia y mi paz, brilla el universo, con tu claridad, brillan las estrellas plena de verdad.

112 -- El éxito te atrae dolor y malestar, pero cuando lo alcanza te induce a disfrutar, y la alegría se torna melodía.

113 -- No han tenido fuerza ni poder para ultrajarme, cada acción contra mí, los torna infame.

114 -- Soy un hombre de Dios, y no me tiembla la voz, lo que los demás no dicen, me atrevo a decirlo yo.

115 -- El camino por dónde has de transitar, suele llevarte donde has de llegar, y todo el universo sin fronteras, es la grandeza de tu gracia plena.

116 -- No hay nada artificial en tu accionar, hasta tu respirar se muestra natural, quien no entiende te agrega un malestar, y de locura te quieren acusar, es profunda la ciencia del vivir, que muy pocos la pueden descubrir.

CARMENCIA
Y LOS MORENITOS

Tres morenitos en la esquina hablaban de política latina, hacían comparaciones de sus vidas y cómo habían sufridos antes de que ascendieran, con coraje decían buscando aceptaciones:

Es tiempo de la revolución, quienes nos han azotados el trasero ahora les toca besarnos el delantero.

Me quedé exasperado por sus obscenidades, al no haber otra opción, pensé que no había que temerle a la creación, porque frecuentemente lo que va suele volver, y cambiando de tema hablaron de dinero y dijeron:

Los de grandes fortunas son afortunados, ahora es tiempo de que se bendiga a los desgraciados, yo corrí de allí con cierto sigilo, yo no era desgraciado tampoco afortunado yo era bendecido y de Dios muy querido.

Y dijo la tía Carmencia: Del hombre suelen decir que cada cual tiene un precio:
El patán se compra con banana y el pensador con justicia.
El sobrino avergonzado, habló con el diputado:

Perdone usted la insolencia que asume la tía Carmencia, esta actitud que ella muestra se atribuye a su demencia.

Yo, qué les digo mis queridos?... A los que tenemos coco, nos quieren tildar de locos, a los que son trogloditas los acusan de comunistas y los que no reflexionan, a esos los condecoran, ellos cogen lo que dan sin pensar ni cuestionar.

---- Dijo, la tía Carmencia, a lo que respondió uno de los morenitos:

---- Esa viejita de porcelana, solía mostrarse por la ventana, a mi padre quería conquistar, para un año después venir a procrearme, actuaron como dioses de bondad, buscando la felicidad, un abrazo un beso y una copulación, abrió el camino para mi encarnación, que bella es la vida no queremos odio, dejemos la guerra que afecta la escuela, al planeta venimos a aprender, es la gran escuela que expande el poder, ya comencé a juntar en una alcancía para hacer un viaje de profecía para pedirle a Dios la solución de cómo recrear un mundo mejor, sin guerra, sin destrucción y con amor   Expresó el morenito.

---- Bien dicho mí hijo, lo cierto es que todo se construye, nada se destruye Dijo Carmencia---y agregó, Dios quiere un espacio de felicidad, para hacer mejor nuestra humanidad.

Ya la familia está en desequilibrio no hay comprensión tan sólo ambición. Fuimos creados para el amor, ya no queremos más decepción, por culpa de espíritus de ambición, caminamos a la guerra buscando el control, nuestro padre nos creó sin ambición lo ideal es que todos busquemos el amor.

-   Esbozó la tía Carmencia, honrando su alta presencia.

El diputado se echó para un lado y el sobrino con los morenitos, se fueron retirando, escondiendo el rabito.

SECCIÒN < VII >

VALORES

117 -- Todos pertenecen a la misma genealogía, son animales descerebrados que se deleitan con el sufrimiento ajeno.

118 -- La melodía de tu jerarquía, me induce a hablarte de lo que quería, eres grandiosa tierna y muy graciosa, todos te admiran eres esplendorosa!

119 -- Estaba bendecido un peregrino, por un favor que había recibido, congratulado le dijo a su amigo:

Compadre, estoy alegre, feliz y agradecido. Dígame usted, de qué forma le pago compadre?

El compadre algo confundido retomó la gentileza de su amigo y entre sobrio y aturdido respondió:

No sé si es gentileza o disposición de Dios, yo le serví a cambio del honor, pero si por intuición de mi necesidad quiere mostrar su solidaridad y desea que me quiera compensar, ya no le abundo más, y aunque mucho me apena, me preciso a decirle: "Los fenicios hace miles de años que inventaron las monedas "y no hay razones para que me alejen de ellas.

120 -- Las risas van atizando, las chispas del existir, y al despertar cada día yo siento tu melodía, y te miro sonreír y siento amor, y el calor de tu sonrisa me dignifica.

121 -- Siempre ha existido el sentir del saber, y la sabiduría es el control del poder, es por eso que el árbol genealógico del saber, se define en el quehacer del manifiesto.

122 -- Ríe, danza, medita, perdona, perdónate, pide ayuda, delega tarea, muéstrate a los ojos de todos, rompe los hábitos de lo que sientes, desarrolla tus proyectos, se solidario, ayuda al prójimo, intenta pintar, canta en el baño, camina siempre, juegas con tus hijos, lee varios libros,

siembra un árbol, tomas tus vitaminas favoritas, escucha el rumor de los árboles, disfruta la brisa, amas con profundidad y atraes la felicidad.

123 -- El hombre que se cree político, debe ser diplomático, porque el diplomático debe tener paciencia para lograr una buena negociación, a favor de la población.

124 -- Con cierta inquietud, el vástago emparbuló el ambiente, sus gritos severos indujeron a que le sirvieran leche, se silenció en la medida en que fue asistido por su madre.

125 -- Si yo soy el que yo soy, sólo he necesitado la voluntad de Dios para ser.

126 -- Cuando un pueblo evoluciona en el error, queda atrapado hasta el momento del despertar.

127 -- Que se rompa el hechizo de los malvados y que donde quiera que se encuentren que reciban el triple de lo que me han deseados, así los veo sepultados, no llegan lejos, no llegan lejos, los malvados.

128 -- No es lo mismo malicia que sabiduría, en el careo de esos días, el malicioso se confundía, porque el hombre sabio y de imaginaciones, siempre quedó grande a sus intenciones.

129 -- Luz que me has de amar eres mi bondad, cariño y amor de mi despertar, si hay brillo en mi rostro es porque en mi piensas, eres canto tierno que borra tristeza, y aunque no lo creas eres mi sapiensa, que me muestra siempre la delicadeza, por eso te quiero, amor de consuelo, tu limpias mi alma de los desaciertos.

130 -- La vida es impredecible en la limitación de la conciencia del hombre y para ser feliz en el libre albedrio, es necesario programarse a servir.

131 -- No es grato dañar porque tu recibes de regreso, todo lo que aportas, por lo mismo servir es la felicidad, debido a que la auténtica justicia radica, en no hacer a otro, lo que no quieres que te hagan a ti.

132 -- Nunca olviden que el hombre escoge la vida antes de nacer, por lo que siempre acontecerá lo que se trae escrito en el alma, que es lo que se acordó antes de la encarnación, mientras se está encarnado no se puede cambiar lo que se escogió en el espíritu porque se escogió con un propósito, pero al despertar en el plano terrenal, olvidamos lo que habíamos asumidos, para que se cumpla el propósito asumido con el mérito de las dificultades que es lo que nos va a promover al sendero del padre espiritual, al regresar al

plano sublime.

133 -- Nunca podrán manipular la esencia de la verdad, porque la libertad justicia otorgará, los mezquinos se auto sepultaran.

134 -- Entre tantas mala gente debe existir alguien que a la sociedad devuelva su honor, que tenga el valor de sembrar la semilla de la transformación.

135 -- La esencia panorámica me enternece, y brota mi sonrisa que me indica, que la naturaleza reivindica y la ternura del agua cristalina, es como la esperanza que fascina, al mirar la colina y la arboleda, tras las luces que muestran las estrellas, en una noche bella, que aguarda el tiempo de correr, dándole paso a un nuevo amanecer, para que el sol penetre el ventanal con un radiante brillo para volver a amar.

SECCIÒN < VIII >

136 -- Es la vida en la tierra una monotonía, si no existe un motivo para hablar con Dios, quien es la luz y la pulcritud, quien es la esencia y la conciencia de todas las ciencias, es la plenitud de la juventud.

A la mente criminal, el miedo la hace temblar, los mandaderos de tercero, están tan confundidos que temen a su destino, con sabotaje no lo lograran, las maldades no prevalecerán, nuestra fuerza natural los va a derrumbar, soy el que yo soy y estoy demostrando amor, si algo es de lo mío, no hay forma que un criminal, lo marque con un desvío.

137 -- Ya se aproxima el tiempo de su tormento, quienes han conspirados tendrán su lamento.

138 -- Miraba yo en una foto a mi hermano de 7- tres, que se estaba besuqueando con una de treinta y tres, le dije te ves bonito ensayando esos besitos, me he percatado por cierto, que parece un muchachito.

139 -- Implorando a la flor su color, hoy le insisto que me dé su amor, es tan tierna su composición, que su aroma genera mi amor, ella sabe que de veras la amo, que su amor ya me ha liberado, su ternura me trae impregnado el querer de mi renacer.

140 -- Quisiera elucubrar las fibras de tu amor, en la profundidad del corazón, rozando la ilusión de un beso tentador, volviendo a renacer siendo ser de tu ser.

141 -- Los reptiles naturales son cínicos y sin pasión, se arrastran sobre su pecho junto a su caparazón.

142 -- Siempre te están estudiando para hacerte una traición, por andar sobre el estiércol, carecen de compasión, por su malicia y maldad, frenaron su evolución, y aún no tienen reflexión, para la liberación.

143 -- La inconsciencia induce a la locura y como hay locos que no son locos, hay otros que locos son, y hay locos que vuelven locos, a los que locos no son, no siempre es satisfactorio usar a los enfermos para el trabajo sucio, porque sería como "dejar que los muertos, entierren a los muertos".

CONDENACIÒN

144 -- Francia ha sido como una chispa de paz y libertad, quienes perpetraron ese horrendo genocidio, son los carceleros de la radicalidad, aquellos que en su libre albedrio han querido imponer la oscuridad, esos que han sembrados malestar y torturas para la humanidad.

Condenemos la destrucción que se ha cobrado como galardón, a los inocentes de la redención.

Enarbolemos la antorcha de la paz, para que dé a la humanidad felicidad. Construyamos un mundo mejor, que haga brotar de cada vida un manantial de amor.

Condenemos el brutal genocidio que alguna vez, golpeara a París, que la ciudad de las luces viva siempre en ti, y que el mensaje sea, que la oscuridad no avanzará, porque la luz, se le impondrá.

145 -- La ciencia del espíritu sobrepasa las banalidades de la mente humana.

146 -- Cuando callas tus sentimientos, los enmudece el resentimiento.

147 -- Nunca es tarde para emprender un nuevo rumbo, vivir una nueva historia o construir un nuevo sueño, por eso que entiende la gente que es una necesidad entender y defender cómo es el honor, el hogar y la causa, controlando a su vez, el carácter, la lengua y la conducta.

148 -- Una vez avanzando en el proceso de meditar sobre la vida, la muerte y la eternidad, podemos además lograr evitar la soberbia, la ignorancia y la ingratitud, para lograr alcanzar la alegría, la paz, y la genialidad.

149 -- El hombre trae la facultad de fantasear, para contrarrestar su realidad

150 -- El sol es para las flores el redentor de su amor, por eso adquieren colores de manantial y crisol.

151 -- Agua, aire alimentos y luz, son componentes de grata virtud.

152 -- Hay sugerencias de preservación donde se recomienda la discreción, vivir tu vida y no la del otro, no censure los errores de los de más sin antes detenerte a

corregir los tuyos, podría ser que esos errores tú los hayas vivido ya, no te lamentes para no ser compadecido, todo lo acontecido, está preconcebido.

153 -- La envidia es una enfermedad que debe ser autocorregida con bondad, auto— superándose por la paz.

154 -- No seas pesimista, y enfócate con fe en el objetivo pensando que lo alcanzará, se feliz con grata ponderación de satisfacción.

155 -- Quien niega su rayo de luz, no admite el tránsito a la iluminación, porque quien es luz siempre brillará hasta en la oscuridad.

156 -- Los pobres de espíritu suelen ponerse en evidencia, no asumas sus posturas para que no aprendas sus malos hábitos.

157 -- Aunque el hábito no hace al monje, la costumbre hace ley, la mosca nunca aceptará la condición de la abeja, porque ella disfruta el hedor de los vertederos, mientras la abeja absorbe el néctar de las flores. Es decir, según es el pájaro, es el nido.

158 -- Hay para quienes el que habla de frente se muestra imprudente, porque no todos verán la verdad con gracia y felicidad.

SECCIÒN < IX >

159 -- Sin ser masoquista el hombre bueno se fortalece en el dolor, por eso se mantiene siendo bueno.

160 -- Crees en ti, y sigue el dictamen del espíritu, él te llevaras por el sendero que amerite la vida.

161 -- Todo lo que debe ser será, simplemente esperas y la vida te lo entregarás.

162 -- Condiciona tu mente y tu corazón para ver y esperar, y todo lo bueno del universo, la naturaleza te lo otorgarás.

EXPRESIÒN
DEL PRESIDENTE

163 -- Solía decir el regente frente al señor presidente, tengo armado el batallón para imponer comprensión, me dijo el entrenador que los débiles no avanzan porque olvidaron la crianza, no siempre heredan la tierra, no saben qué hacer con ella.
Sorprendido el presidente le dijo al señor regente, si es tal y como me dices, aliste a ese batallón y si alguno no es valiente y muestra debilidad haga que marchen de frente y deje que el paredón corrija su condición.

A pesar del tormento que la distancia impone yo te siento, y miro tu presencia como un grato consuelo que venero.

No importa el tiempo ni el tormento que genere la ausencia de tu cuerpo, pues me basta tu espíritu como cierto.

Siempre ha sido la brisa del concierto, que has tocado las flores que para ti cosecho. Si alguna vez tu amor vuela de mí, yo te recordaré como que siempre fue, una grata experiencia que jamás negaré.

La sinceridad es producto de inteligencia y valor, incómoda para el torpe y el cobarde pero clarificante para el valiente y el decente.
Es mejor mirar el firmamento y brillar sin tormento que escuchar el sonoro concierto de lobos sin respeto.
A los bandoleros les gusta ensayar, sus subterfugios para tramar, cuál será la manera para vender al inocente como culpable, buscando apoderarse de las bondades, que como bendiciones ha dado el padre, pero en sus acciones ellos se confunden y quedan atrapados en sus malicias, deseando morir por sus codicias. En una sociedad carnavalesca, donde hay más inconscientes y corruptos que cuerdos, se hace necesario restablecer las bases de la justicia.

Siempre la asignación conducirá a donde debes llegar, seamos nosotros, guiándonos por camino de optimismo, porque el señor es genuino.

La vida se escoge antes de nacer, por lo mismo también la riqueza se escoge, nadie puede pretender apoderarse de lo que no es suyo, nadie puede cambiar lo que está asignado o escogido antes de nacer, eviten decepciones tratando de insistir en conspiraciones para acciones fraudulentas.

Hay quienes nacieron para perder, y otros que lo hicieron para triunfar, lo que pertenece a alguien, nadie lo puede desviar, no es prudente dramatizar, lo recomendable es que nadie retenga lo que no le pertenece, la paciencia es certera y golpea la malicia.

El presente es la base del futuro, lo que acontezca hoy, puede definir las condiciones de lo que acontecerá mañana.

Siempre la asignación conducirá a donde debes llegar, seamos nosotros guiándonos por camino de optimismo, porque el señor es genuino.
La esencia define al ser, la forma no tiene nada que ver.

Sobre la mujer hay mucho que ver, porque siendo la mitad de la humanidad, y la mamá de la otra mitad, a través de ella llegamos al planeta, ella nos cría y nos enseña cómo comportarnos, ella nos lleva en su vientre por nueve meses otorgándonos el primer calor de sus brazos.

164 -- La naturaleza crucifica y reivindica, quien hace bien, recibe el laurel.

165 -- Redefiniendo el camino trazando surco a la vida, buscando la libertad, a donde haya claridad, vamos loando la luz que regenera la virtud.

166 -- Los reptiles naturales, son cínicos y sin pasión, se arrastran sobre su pecho junto a su caparazón, siempre te están estudiando para hacerte una traición, por andar sobre el estiércol, carecen de compasión, por su malicia y maldad, frenaron su evolución, y aún no tienen reflexión, para la liberación.

167 -- El escritor que busca hacer justicia villaniza a sus enemigos, obviamente quien provoca a un periodista o a un escritor, anda buscando que le tiren los trapitos al sol.

168 -- Patriotas que violan las leyes contra sus inquilinos buscando agrietar su destino, sátrapas y herejes que viven fraguando crear el tormento de aquellos libertos a quien no han podido doblegarle el tiempo.

169 -- Metrópolis sin pasión, carnaval de la emoción, aman las conspiraciones, y cuando son descubiertos son como auto- decepciones.

170 -- Complicidad los arropas, la culpa los desintegras, ellos saben que es ladrón el que se roba la vaca, como el que le ata la pata, son cómplices con dolor, que en su regeneración, andan buscando el perdón.

171 -- La sociedad tolera al que se auto-destruye, y persigue a quien se niega a destruirse.

172 -- Cuando la política se adecente y las posiciones dejen de ser palancas para ultrajar, menos hombres aspiraran a formar parte del gobierno.

173 -- Cuando alguien te rechaces, no te sientas discriminado, simplemente das gracias a Dios por librarte de una barbaridad peor.

174 -- La justicia divina es imperecedera, los que la violentan tienen consecuencia, su intranquilidad quebranta su paz, y sólo desean no existir jamás.

175 -- En las sociedades integradas por obreros y delincuentes, mientras los obreros trabajamos, los delincuentes pervierten, sin que el sistema los encuentres.

176 -- Se tú mismo, porque todo precepto de ilusión, despierta al corazón.

177 -- La delincuencia es diversa, también es un acto delincuencial hacerle creer a otros lo contrario de lo que es, la justicia siempre llegará de algún renglón de la naturaleza porque si mentiste, te mentirán.

178 -- Los sinvergüenzas y traidores, son como los enfermos e irracionales, que eligen caminos que parecen de flores, y más adelante les resultan dagas punzantes, que generan dolores sangrantes.

179 -- Votar para la transformación es lo que debe hacerse en una nación, donde te han inducido a la radicalización.

180 -- Como en todos los tiempos los judas traicionan por dinero y después de inclinarse a la injusticia, por su condición de felones, la conciencia le pesa, repugnan las monedas y se otorgan al suicidio.

181 -- En los distintos renglones de la ciudad donde pululan los nidos de ratas, los criminales investidos de poder fueron matados por el corona virus, otros empezaron a suicidarse, y los que quedaron que sabían que no escaparían a la justicia divina, en una acción intimidante, pretendieron besarme con ladrillos

sangrantes, como muestra de amor, el nerviosismo los indujo al sabotaje, cargados de soberbia y de coraje, y al no conocer la compasión, se fueron ahogando en su propio dolor.

182 -- Resultó que con Dios, nadie nunca pudo aplicar malicia ni confusión, y

quienes me quisieron intimidar, generaron su propio malestar, entonces se escuchó: "La justicia es mía" --- dijo el señor:--- Veamos la causa de su desamor!

183 -- Entre tanto, imprudentes debe existir alguien diferente, alguien que tenga el valor de sembrar la semilla de la transformación.

184 -- Es duro admitirlo, los jaquers y los ladrones cibernéticos, morirán en la mayor agonía, con fuego de noche y fuego de día.

185 -- ¡Qué villanos suelen ser, los de la tía Maribel, indujeron a Petro a don Juan, tornándolo en huracán.

LOS INMIGRANTES

En una ocasión el inmigrante que llegó a new york cuando el spanglish ganaba terreno, había enviado a su madre un regalo con más de un contenido por lo que le detalló:

Madre ahí te hago llegar con el vecino tres vestidos un verde un rojo y un azul, y tres blusas de iguales condiciones, más cien dólares y "t á tó".

Después de recibir el regalo enviado la madre le respondió:
--- Hijo, recibí todo lo que me enviaste, lo único que no recibí fue el "tá tó".

El hijo sorprendido le aclaró: Mamá por favor, el "tá tó" lo que quiere decir es que eso fue todo lo que te envié.

---- Oh, hijo gracias por la aclaración, veo que ahora en Nueva York están cortando las palabras.

Un tiempo después, esa misma mujer llegó a Nueva York con el objetivo de visitar a su hijo y aquel le encargó a su esposa que llevara a su madre a conocer algunas áreas de la ciudad, debido a que él tenía que trabajar.

Cuando la mujer salió con su yerna, con lo primero que se encontró fue con un letrero que decía: " tatoo", lo que la impresionó desde que lo vio, y dijo:

---- A Dios, ahora veo que el "tá tó" está por donde quiera. Su yerna sorprendida le aclaró:

--- No suegra, eso no quiere decir "tá tó" , eso lo que dice es tatoo y lo que significa es, que se hacen tatuajes.

---- Oh, el que no sabe es como el que no ve, yo intentaba comprender, algo que aún yo no sé, cómo es que la gente aquí, sobrevive sin inglés.

La yerna rió a carcajadas y tomando a su suegra por un brazo se alejaron del lugar.

SECCIÒN < X >

MONO'LOGO DE GENERACIONIO'N

La mujer es el poder que reivindica la causa del renacer, ella es el conducto de la encarnación en este mundo de ilusión.

La vida es como una caja de sorpresa, no siempre sabes lo que será de ella, a veces se te arruinas o se te elevas es una gracia y es un dilema.

Quienes se alegraron y congratularon en mis tristezas, van padeciendo dolor porque la luz, ya superó la cruz, porque siempre fue un símbolo de esclavitud.

Ya todo está definido y apareció lo perdido, y ahora te quedas más claro lo que será tu destino, todo viene y todo va, lo que sube ha de bajar y en medio de tal dilema lo que importa es respirar, transitar por el sendero donde abordará el velero que definirás tu vuelo.

En las aguas del consuelo la esperanza brotará y ya estará definido donde habrá de navegar, en el diseño de vida que tienes que interpretar.

Frente al sol maravilloso que las pruebas han de implantar, para cuando las supere y te empiece a deleitar, con las energías del sol comenzará a brillar. Motivado en el ambiente ya te podrán detectar y como un ángel de Dios, comenzará a volar.

El que sirve a dos señores, no siempre atrae bendiciones, y la muestra de eso está dentro de los corazones.

Los hombres de Dios, nunca caemos porque cuando nos agregan una zancadilla, ya Dios nos tiene una muletilla.

Dios me tolera, me redime y me apoya de una forma natural que nadie puede encontrar, solamente él.

Es una magia existencial que define tu vida al transitar, marca la diferencia entre el que la posee, y el hombre artificial que trata de ensayar lo natural.

Que la luz alcance a la juventud, y que la bendición de nuestro padre celestial se manifieste, se manifieste en el corral donde los animales se niegan a avanzar hacia su despertar.

Se tú mismo, no rehúyas a tu realidad, enfréntala, porque si tú esencia es de gato, aunque te disfraces de tiguere siempre serás gato.

Este amor merece más que una triste realidad, una gratitud de luz, que renueva la salud, que nos trae la juventud, es una verdad de paz que trae la felicidad, es gracia de la bondad que nos eleva más allá.

Al hambriento y mal agradecido algo le pasa en el camino.
Gracias señor, que me está retornando en armonía, el trato abusivo que me vi precisado a afrontar en otros días.

Gracias a Dios, gracias a Dios, todo lo bueno llegará, todo lo bueno en mi está, gracias a Dios, gracias a Dios, que lo bueno ya llegó, gracias a Dios, gracias a Dios, que mi bondad me liberó.

Y dijo el señor:
Yo soy la batería, si te adhiere a mi causa, vivirás cada día.
Miro a ver, si sin percibir, si hay algo más adelante, y de mejor proporción, que le active la esperanza a mi grato corazón.

Hay quienes dilatan el tiempo, por perseguir la ganancia del menor esfuerzo.
Hay sádicos que buscan generar ilusión, para las almas agraviadas.
Más que creyente, soy hombre de fe, que es lo que me hace fuerte en el espíritu.
Estoy convencido, soy saludable, sabio, poderoso, joven, bello y atractivo, soy natural, nada artificial, y toda la grandeza me viene a alcanzar.

Vivir en el presente con plena conciencia de la existencia nos permite aceptar todo lo que habremos de pasar, nada perdemos porque todo lo que llega o se va, es una instrumentación para adornar la trayectoria existencial, los seres queridos están definidos y marcados como actores de la película que en nuestra vida debemos rodar, los amigos que en una ocasión estuvieron y que por alguna razón se fueron, eran personajes efímeros que andarían ejemplificando el libreto escogido para ser

desarrollado, pero que una vez fue concluido su rol, salieron del camino y abandonaron nuestro destino.

Hasta los hijos que estarán contigo nacen y de alguna forma si han de permanecer a tu alrededor, hay una conspiración de la naturaleza para que así sea, porque lo que tiene que ser, siempre será de la manera que está definido y trazado para ser. Las esposas o los esposos aparecen según lo acordado, lo escogido o lo asignado para ejercer en la encarnación, hay personas que desearon casarse una vez, pero si hay karmas pendientes que no se han resuelto puede tener tres o cuatro matrimonios y pagarás lo que debe a esa persona y después esa persona se irá, pero la que quedará para tu vida aparecerá en el momento preciso, y tú estará programado para aceptar lo que está en tu guion existencial, todo está definido en el camino.

Quienes andan extraviados en el camino, son seres envidiosos y poco amigo, también ellos traen su propio destino, sufren de un trastorno emocional, que inducen al peor malestar.
En una sociedad de ratas, persiguen al hombre digno, conspiran contra su dignidad, ultrajan su paz, y le hacen creer lo contrario de lo que es.

NUEVA YORK:
CAOS Y DESCONTROL

¡Qué triste malestar! Nueva York, que había sido baluarte de esperanzas de muchos, escapándose de las manos de ciertos políticos que solían venderse en sus campañas como generadores de amor y redención, permitiendo en ese entonces, que algunas organizaciones interesadas en sembrar el caos, contrataran a delincuentes juveniles, con la misión de provocar accidentes, con vehículos guiados por forajidos, asalariados e inconscientes, que se deleitaban en provocar sus fechorías frente a la policía, y se escapaban como si todos tuvieran que tolerar sus locuras.

Era tiempo de justicia y de renovación del sistema, donde se educaran a los recién nacidos, de tal manera que cuando crecieran no abrazaran el crimen como un libro de formación, sino que abrazaran la lectura como esperanza de salvación, para que los que causaran el mal, fueran captados y educados obligatoriamente para la práctica del bien como base que condujera a la felicidad, y al desarrollo de la conciencia social.

Las bendiciones son capsulas de amor y redención, acéptalas con honor, e inviértalas con pasión, porque todo precepto de ilusión despierta al corazón.
`Los malvados se indignaron conmigo para que no alcanzara mis objetivos, pero me sobrepuse a su castigo, gracias al Dios de mi ser, el nunca dejaría perder las proporciones del propósito, empujó y empujó hasta que mis ataduras rompió.

Hay días que renuevo mi alegría, y que camino con melodía, cuando tu tierna sonrisa me inspira, siento que puedo alargar la vida, porque mi amor se intensifica y quedo envuelto en tu sonrisa.

Soy siempre sereno, estoy seguro, por eso me desplazo en calma, suelo superar lo que temen otros.
Soy diferente al ser tradicional, cuando la tierra tiembla, muchos quieren llorar, más yo sigo existiendo de forma natural.

El honor natural de la paz, la naturaleza lo da, la habilidad de combinación, es una forma de modelación, al fin, no hay razón para inmutarse, el negro emocionado se torna morado, y el blanco, colorado.

Que duro malestar, en todos los momentos me fueron a hostigar, y hasta el cepillo de dientes me quisieron robar, pero ningún intento le son de bienestar todos sus resultados son depresión fatal.

Como gallo con espuelas se elevaban mis antenas, quisieron aplicarme pildorita de alelí, intentando dejarme postrado por ahí, y se generó un tierno espacio de comunicación, lo que me indujo a vivir de un amor a otro amor.

Que se rompa el hechizo de los malvados y que donde quiera que se encuentren que reciban el triple de lo que me han deseados.
Quien niega su rayo de luz, no admite el tránsito a la iluminación, porque quien es luz siempre brillará hasta en la oscuridad.

Si tu contexto está invadido de bandidos, haz siempre el trabajo digno. Intenté transformar cosas, qué la mafia contextual, no me dejó realizar.

Cuidado con la marihuana, el sistema lo prefiere zombi y no pensadores, y es porque el zombi no reflexiona y el pensador revoluciona.

Lo cierto es que los de abajo, son como el peor relajo, cuando el gobierno los encuentras borrachos, armados y fumados.
Cuando los bandoleros de un sistema, maltratan a un hombre digno, no pueden dormir tranquilos.

No siempre puedo hacer lo que yo quiera porque tanto mi fortaleza como mi debilidad, son administradas por Dios.
El pensamiento es como un viento de inquietudes y aderezos, que debe ser dirigido y construido de acuerdo a lo convenido.

Según es el pájaro es el nido y Dios salva y guarda a sus hijos, es el motivo de realización, por donde transitamos a la redención.

Comenzó la brisa, muestra tú sonrisa, el cuerpo está frio y aquí no hay navíos, por eso yo quiero que seas mi consuelo, acércate a mí, para ser feliz.

Eres gran motivación, la belleza de esplendor, que motiva al corazón, que a todo aquel que te miras, tú le genera el amor.

Los hombres del renglón de mi contexto, traemos la estampa del espíritu, para ser distinguidos en todo el universo.

Que la luz alcance a la juventud, y que la bendición de nuestro padre celestial se manifieste en el corral, donde los animales se niegan a avanzar hacia su despertar.

Seguimos cabalgando tras la velocidad del tiempo, con clara determinación de entender que nadie muere un día antes, ni un día después, por lo que jamás se ha de silenciar la voz de la justicia, porque sería como silenciar la propia vida.

Una vela en la penumbra es una ciencia cierta que te muestra el color, de la naturaleza, y te alumbras el vivir, y te pones a pensar cuan grandioso es el sol que ilumina la mente de la edificación.

Fue así que por amor nos llegó la comprensión de que la sociedad es un símbolo, donde el espíritu lee al ser, y definió el proceder de que "en una sociedad de símbolos, la mujer del cesar, no sólo debe ser honrada, sino también aparentar que es honrada", a la mujer callejera la juzgan como cualquiera, porque el símbolo la afecta y la sociedad la desecha.

LA ASIGNACIÒN

Yo traje por asignación un mujerón y por destino doy y recibo amor, es grato el esplendor que muestra el sol, ella me quiere y yo le rindo honor.

En realidad, después de cada noche, siento que la esperanza va embargando mi alma.

Después de cada noche, miro el amanecer, miro el amanecer y siento tu querer.
Voy mirando en el tiempo, la soledad baldía que afecta el alma mía.
Y me he quedado en ti, para evitar sufrir.

Si te dejaras ir seria como morir, y tú eres el aliciente que me induce a vivir.
Hoy sigo en el camino, anulando las sombras que bloquean mi destino.
Ya empecé a comprender, que tú has sido mi sol, de cada amanecer. Y que has sido la calma, que antes mi corazón, agita la emoción.
La rima del amor, libera mi dolor y me lleva a quererte con tu moderación.
Y, en la naturaleza que encierra tu belleza, yo te otorgo mi amor, y recibo el latido de tu buen corazón.

MONO'LOGO
DEL SER

El hombre vive cada día más confundido, algunos que siempre amaron a las mujeres, de pronto descubrieron que "andaban en error", porque siempre quisieron amar a otros hombres y viceversa todo por confundir la expresión de Jesús, de "amar los unos a los otros".

Los interpretes sociales han declarado que "el mundo ha sufrido un cambio, y para justificar la expresión esas organizaciones les han sugeridos a las familias que se han enrolados en sus principios por recibir de ellos el favor económico, les han ordenado ser partícipe del "cambio", por eso vemos, que las rubias han empezado a pintarse el pelo de negro y las negras se están volviendo rubia, por lo que la sociedad al referirse a ellas hablan de "rubia oscura, o de farmacia"

Pero también, hay quienes se pintan de azul o de verde o de rojo y lo que son conservadores se asustan, y le toman miedo porque creen, que son asaltante y drogadictos, siendo este el tipo de cambio que las organizaciones del planeta están ofreciendo al mundo, por eso el joven mal orientado, prefiere fumar y robar, antes que estudiar.

Muchos de estos jóvenes administrados por tales organizaciones se han vuelto jaques, o invasores cibernéticos, asaltantes y creadores de caos.

Todo este plan de cambio entre comillas promulgados por sectores de la oscuridad poseedores de grandes recursos económicos, obedecen al plan de esclavitud, que la biblia nombra "marca de la bestia".

Donde todo aquel que recibe un favor o una supuesta protección de esos sectores, se van esclavizando en los parámetros de los propósitos, de esos grupúsculos de poder.

Los malvados crean malicias que disfrutan sin nodrizas, van perturbando la paz, que ha esperado la ciudad, arrastrando transeúntes de sus calles moribundas de temblorosas tristezas, siembran caos innecesario, ignorando la justicia que ha necesitado el pueblo, que clama por democracia y no por libertinaje, que pide tranquilidad para que los ciudadanos se sientan recuperados.

Y entre la gran melodía se defina la armonía, por la gran seguridad que ha de inducir a la paz para que en la gran nación, se recupere el honor.

¿Cómo es de crear un mundo mejor, con tanto farsantes a su alrededor? Cuando la bondad es simple ilusión, y la hipocresía es gran decepción.

Quienes andan extraviados en el camino, son seres envidiosos y sin destino, sufren de un trastorno emocional, que conducen al peor malestar.
Intenté transformar cosas que la mafia contextual, no me dejó realizar.
No hay olvido en mi silencio, ni distancia en mis ausencias, porque siempre te he querido sin decirlo, sin decirlo.

Que la luz alcance a la juventud, y que la bendición de nuestro padre celestial se manifieste en el corral, donde los animales se niegan a avanzar hacia su despertar.

SECCIÒN < XI >

SENTIR DEL SER

Mi pensamiento transita contigo, y siempre llega recto a su destino, es como el abrigo que cubre tu ser, porque siempre pienso que eres mi querer.

Nunca he dudado de que la vida sea un trayecto con muchas paradas, que al seguir atrapada en el Karma de los tiempos, amerita boletos de ida y vuelta. Todo se conjuga en el amor, que nada se diga fuera de él, es por lo que expreso mi querer:

Intentas, sientes, amas, escuchas, piensas, ríes, cantas, perdonas, y sólo hablas cuando estés convencido qué eres.

¿Qué es la independencia? La independencia no es una vergüenza, es la habilidad de algunas conciencias que quieren sembrar esperanzas en los oprimidos.
Es una forma de alimentar la historia y frenar la rebelión, porque en realidad, ellos siguen "a Dios rogando y con el mazo dando" ellos saben quiénes son:

Cuando ellos por presión de la opinión pública, empoderan a un desobediente, están estudiando cómo desacreditarlo para intentar chantajearlo, manipularlo, o matarlo, y si no pueden, lo casan con una rubia de esas que a veces suelen tener los ojos azules para que tenga que obedecerle a ella, porque ellos no están acostumbrados a perder, y creen que las rubias son el talón de Aquiles de los negritos come cocos, por eso de andar parodiando a quintanilla:

"Ya sea cordero, vengase fiera, el hombre hará mujer, lo que tú quieras"! Todo está consumado.

Todo está contenido en el decir, el pudor del honor es gran consagración.

186 -- Realmente triste destino es el del hombre que envejece bajo la sombra del vicio.

187 -- Doña Kika y doña Yaya damas de grata expresión, se vestían a las antiguas con definida ilusión, tenían algunas amigas de esporádica ocasión Pero cuando se encontraban mostraban su redención, el encuentro prolongaban hasta que las glotis les sonaban, por lo que el vecindario censuraba bajo el alegato de que cuando se juntaban esas cotorras solían hablar como loras, pero si estaban silenciadas, decían que fue porque salieron de su morada.

188 -- En una sociedad de ratas, persiguen al hombre digno, conspiran contra su dignidad, ultrajan su paz, y le hacen creer lo contrario de lo que es.

189 -- El padre redefine el camino para que al transitar tú te encuentres conmigo, pues la virtud que nos aportó la luz, la guardas tú, y por toda mi vida tú has sido mi guarida, como una alma nacida, que ha venido a este mundo a reforzar mi vida. 191-El propósito de Dios ya él lo definió y en la misión de la liberación él nos escogió a los dos, y nos entregó la chispa del amor, para glorificarse en nuestra acción.

190 -- Es la vida en la tierra una monotonía, si no existe un motivo para hablar con Dios, él es la luz y la pulcritud, él es la esencia y la conciencia, de todas las ciencias, es la plenitud de la juventud.

191 -- Ciertamente, la mujer es la mitad de la humanidad, y la mamá de la otra mitad, a través de ella llegamos al planeta, ella nos cría y nos enseña cómo comportarnos, nos lleva en su vientre nueve meses, y nos otorga el primer calor de sus brazos.

192 -- Es el sexo fuerte y nos hace creer que es el débil, sus lágrimas nos ablanda y lava nuestras almas, mientras nos traza el camino que debemos seguir nos enseña a existir.

193 -- Es tan tierno el amor, que aquel que lo practica, queda envuelto en las redes de darse sin pensarlo y en silencio llevarlo.

194 -- La lectura es la clave de elevar el intelecto, expande la mente, suple conocimientos, reafirma el alma, y te permite fácilmente entender, que el amor y Dios son la integración del yo.

195 -- La consternación no nos permite decir más que un esbozo de condena a la violencia que se vive en el planeta.

196 -- Violencia que ha sepultados a seres que por encima de ciertas posiciones ideológicas han consagrados sus vidas al servicio de sus naciones y en cualquier renglón e inesperadamente han sido alcanzados por el brotes de violencias que como flagelos de descontrol, en los últimos tiempos ha brotado en cualquier renglón de la poblaciones del mundo, arrastrando en sus uñas a muchos que nada han tenido que ver con su creación.

197 -- Es necesario evitar que la pasión tiránica de la ignorancia siga induciendo a sus creadores a esbozar sus niveles de canibalismo, perjudicando a la sociedad de la forma sistemáticas en que han venido haciéndolo.

198 -- Se prudente y no te fíes de nadie, la confianza es el camino más corto para cometer un error, porque muchos son los judas que por dinero te dan un beso y un te quiero.

199 -- La educación es una necesidad, y hasta para administrar fortuna es bueno un nivel educativo que te permitas discernir con justicia, esa es una de las razones por la cual los jóvenes deben atender la escuela.

200 -- Desveló el sol el complot del ruiseñor, que al cantar en el lomo de la hiena, hacía creer que aquel devorador, era la base del amor.

201 -- Corriges a tu hijo con amor, para que no sea el prisionero del dolor.

202 -- La particularidad de la verdad, es que no siempre es del agrado de todos, y aun así, nadie puede destruirla.

203 -- Ser como tiene que ser, redefine tu poder, de la misma manera que una vida sin lecturas, es una vida de ataduras.

204 -- Es decir, en la trayectoria existencial que debemos recrear, la lectura debe ser, el sonido del cincel, de libertad y de poder, por lo que ha de esperarse que sigan leyendo, y sus intelectos reconstruyendo.

205 -- Leer, te otorgas poder, redefine el existir que la vida ha de sentir.

206 -- Tierna y bella florecita, yo quisiera darte un beso que sea como un aderezo, que nos acelere el alma y nos condimente el queso, motivándonos el regreso.

207 -- Tu sonrisa te muestras bonita, tu querer me haces renacer, y tu amor dignificación gloriosa esperanza a mi corazón.

208 -- Debemos nacer de nuevo, antes del regreso al vientre de la madre para el abrazo del padre!

209 -- En realidad, solamente hay que esperar, la justicia llegará!

210 -- La salud la portas tú, reflexionando en función, de que trae tu corazón.

211 -- Todo lo expresado, se tornó extrañado.

212 -- Si por alguna razón, Dios me concede tu amor, me dedicaré a ti y nunca te haré sufrir, eres fina prenda hermosa que el espíritu desglosa en tres pasos de esperanzas para definir la causa.

213 -- Continuemos creciendo, para que nadie dude de lo nuestro, somos luz, y venimos de la luz.

214 -- Acontecen cosas guardadas en secreto, si alguien las revela, se torna un tormento, para los que oprimen y guardan silencio, a ellos no les gusta que hablen de lo cierto.

215 -- Porque eres la esencia del ser, yo estaré contigo de frente al camino.

216 -- Solo en una sociedad paradisiaca, donde haya igualdad y solidaridad, se manifiesta la luz, y se atrae la paz.

217 -- En esto consiste la pregunta, y se hace difícil la respuesta, pero cuando se nace sin cabeza, el cuerpo camina a ciegas, porque un pueblo consciente, rehúye al sadismo y rechaza el masoquismo.

218 -- Todo está llamado a transformarse, nada permanece estático ni aun la misma naturaleza, la mariposa es el mejor ejemplo que de gusano que se arrastra adquiere alas que la impulsan a surcar el espacio contextual.

219 -- Es grata afirmación decir soy el que soy que trae a colación la más grata intención, porque Dios es la verdad, de toda redención.

220 -- En cada amanecer te puedo ver, y acariciarte en las páginas del tiempo, para que nunca vuelvas a dudar de mi amor.

221 -- El libro de la luz y la esperanza, llegará a libertar del dolor de la opresión.

222 -- La virtud de la bondad nos atraerá la paz, y es gloriosa la esperanza de que cristo volverá, todos esperan con anhelo la bondad de su piedad, y la esencia de su gloria la acordó con jehová, que tierna reminiscencia que al corazón le atrae paz, y es tan tierna la sapiensa, que atrae la felicidad, vivan cristo y Jehová, que con su grato poder, al planeta salvaran, y otra gran generación, vivirá con libertad.

223 -- Y como lo escuché, lo expresé, y fue como la antorcha de una hoguera, que despertó mi ser, y volví a renacer.

SECCIÒN < XII >

224 -- En la expresión de mi ilusión contemplo la ternura del honor, y siento que tu amor, es la definición del corazón que impregna la esperanza y la grandeza, al imperio de mi humilde existencia.

225 -- Todo lo convenido se conjuga en la esperanza de que todo lo que existe es, y evoluciona en el tiempo.

226 -- Todos buscan por ella, ella se deja ver, se aproxima sonríe y se va, todos la siguen pero sus guardas espaldas que son la tristeza, la traición y la maldad, no te dejan acercar, ellos son los hostigadores a quien le llaman diablo, y a quien Dios le permite que te cobren lo que debes, en el marco del libre albedrio, el conocimiento salva, y la felicidad es simplemente una pausa para respirar, y una sensación de reflexión.

227 -- Y como lo escuché, lo expresé y fue como la antorcha de una hoguera que despertó mi ser, y volví a renacer.

228 -- El tiempo llega con la vida, porque la vida nos hace consciente del tiempo, y en cada amanecer te traigo dentro porque tú eres la esencia que yo siento.

229 - Felices y contento por la magna expresión de comunicación, para un propósito mejor, que nuestra comunidad, tenga su libertad, que los políticos no puedan confundir nuestro accionar, porque por el amor y la sinceridad, recreamos el camino hacia la paz, que todos aporten según su capacidad y reciban según su necesidad, porque es tiempo de despertar.

230 -- Gracias por accionar con la inteligencia que lo hicieron porque nos aproximamos hacia la justicia social, donde Dios otorgará el bienestar.

231 -- La canción de devoción de aquel que fue luchador, y sin ser de aquí y mucho menos de allá, dio a la patria potestad.

232 -- Cuál es el futuro preconcebido de una nación que ha sembrado el auto dolor, por no entender la comprensión.

233 -- La expresión del corazón en un libro de emoción, tórnese el mejor lector.

234 -- Aquellos que traen la vida torcida, se afanan buscando tergiversar la de aquellos que la mantienen al margen de la deriva.

235 -- Los visionarios ven la verdad como antorcha de glorificación, y como el conocimiento salva, no hay contradicción con la redención.

236 -- La violencia no es cosa buena, mata el alma y la envenena, pero cuando te mueves entre violentos y abusadores, nada se pierde con acciones que te conduzcan a la auto-defensa por si te atacan por sorpresa, principalmente cuando los delincuentes intentan seguirte por el camino por donde te mueves.

237 -- Los envidiosos suelen asumir posturas delincuenciales para sacarte de tus cabales, porque en su incorregible ignorancia ellos creen que haciendo burlas y maldades lograrán confundir la sabiduría con la malicia.

238 -- Frecuentemente te intentan vender por 20 dólares y cuando son descubiertos y pierden la credibilidad y quedan frenados frente a ti, se enojan y te quieren desacreditar como violento y peligroso.

239 -- Somos quienes somos y los malvados ni han tenidos ni tendrán poder sobre nosotros.

240 -- Estar seguro es creer en quien está pendiente a ti, quien obviamente buscará avanzar para posesionarte, y cuando aquel logra seguir adelante queda la certeza que transitar en senda de justicia, paz y luz, es la realización del sueño de virtud.

241 -- Y como un rayo de luz surgió de frente a mí, y era quien era, busqué tratando de mirar de donde procedía, sin que pudiera determinar su origen, entonces me percaté que había llegado de donde nadie ve, porque quien viene de los cielos es de cualquier lugar.

242 -- Una cátedra de honor se define en la intención, es buena la comprensión, cuando se lee con amor.

243 -- Cómo están las chicas? Parecen estrellas, solo con mirarlas, me parecen bellas, siempre que las miro me muestro prudente, porque al contemplarlas, siento un aliciente.

244 -- No es lo mismo vientos que ciclones, hasta necias se hacen las comparaciones.

245 -- Le elevaron las temperaturas, se la elevaron, se la elevaron, se le subió, se le subió, y ella gritó, y ella gritó: "con tu cariño me quedo yo"

246 -- El hombre con su malicia, y Dios, con sus primicias, aunque vayan corriendo y lleve prisa, Dios sabe cómo aterriza`

247 -- Dale, dale, dale, dale que se va, dale y ven y tráele, la felicidad.

248 -- Sopla la brisa, calienta el sol, todo se hace por amor, pero cuando un hombre se auto – elogia, es porque no está seguro de lo que arroja.

249 -- Algo había cambiado en el sistema, se estaban criminalizando a los inocentes, y rindiendo honores a los delincuentes.

250 -- Hay seres que necesitan aprender, porque privando en sabios, tratan de engrandecerse con el talento de los pensadores, para acorralar a los creadores, y manipular a los roedores.

251 -- Hablan de libertad pero la vida está, que aquel que se queja, puede perder las muelas.

252 -- Soy saludable, joven, bello y natural, todas las virtudes me han de llegar.

253 -- Parecemos humanos, busco estar alejado, todos me quieren ver, como la oveja blanca del rebaño.

254 -- Quienes se alegraron y congratularon en mis tristezas, van padeciendo dolor, porque la luz, ya superó la cruz, porque siempre fue símbolo de esclavitud.

255 -- Aunque tengamos un suspiro de amistad, tu necedad no la he de tolerar, tú condición de cínico fatal, no te has de conducir por el mejor lugar.

256 -- ¿De qué sirve el dinero disfrazado de miedo?

257 -- Te mueves satisfecho de aparente abundancia, y el corazón te tiemblas de insatisfecha gracia.

Es porque la balanza de tu libre albedrio, se mueve en tu conciencia, haciéndote preguntas, que si acaso alguna vez has sido justo contigo mismo, cuando engulle caviar, creando malestar, que otros deben pagar, sin tener energías que los induzcas a opinar.

258 -- Es necesario despertar, detrás de cada aparente bondad, hay un villano de maldad.

259 -- Intentaron traer el cielo a la tierra de una manera radical, ignorando que lo que acontecía era porque se asignaba o se escogía.

260 -- Si tu corazón no es para mí, no es necesario fingir.

261 -- Los prejuicios de la humanidad, han llevado a quebrantar la paz.

262 -- Si no existieran policías, muchos morirían. O ¿cuántos morirían?...

263 -- En el propósito de la verdad, todo tiene su utilidad.

264 -- Que la luz trace la trayectoria, y que jamás, naufrague entre las tinieblas.

265 -- Soy un hijo de Dios, y los hijos de Dios, traemos la bendición a flor de piel, por eso todo tiene que salirme bien.

266-- En eso coincidimos, y es que la brisa que te soplas, me refresca.

267 -- Es más bella la vida, con tan grata vecina, es gracias, esperanzas, y fortaleza en Dios.

268 -- paguen, en cada corazón habrá revolución.

269 -- Hay seres que necesitan aprender, porque privando en sabios tratan de engrandecerse con el talento de los pensadores, para acorralar a los creadores y manipular a los roedores.

270 -- Aquellos enemigos están quillados conmigo, y es porque nunca han podido, lacerar mi camino.

271 -- El diablo nunca quiso ser, el que es, y uno de sus grandes problemas fue, que quiso ser como Dios, y a Dios, no le gusta que le usurpen su gloria.

272 -- El mundo y la naturaleza conjugan su gran belleza, y sus gratas comprensiones, definen las ilusiones.

273 -- Se conjugan mis ojos al contemplarte, y goza mi corazón al deleitarse!.

274 -- Si crees que puedes crecer, nada te lo impedirás, el señor te otorgas amor, con la gracia del honor.

275 -- No me puedes negar, que al sembrarme en tu piel, dejé plantado un fruto nacido de tu ser.

276 -- La humanidad ha llegado a la condición de extrema bajeza, a tal grado que la oscuridad, ha vuelto a administrar, y los niveles de conciencia ha perdido su esencia!

277 -- No importa la distancia ni la condición, somos la cultura de la manifestación.

278 -- Estamos acostumbrados a tolerar a esos animales del corral, aunque no esté contento me debo controlar, para mis manos no tener que ensuciar.

Le dijo el reclamante a un títere abogado:

279 -- "El que calla otorga, y es mejor ser honrado que abogado, tan ladrón es el que se roba la vaca como el que le ata las patas. Acaso crees que debo aceptar que aquellos que toman decisiones por ti, se roben lo que me pertenece? No aceptar su decisión, es salvarlos de la autodestrucción, porque los ladrones no verán el reino de los cielos.

280 -- El esclavo de sí mismo, redefine su destino, la cadena quebrará, a la ~ hora del despertar.

281 -- Soy poderoso y saludable, con alta visibilidad, toda limitación, se erradica de mi ser.

282 -- Voy por la vida sereno, tan solo pienso en tu amor, alegre la mirada, contento el corazón.

283 -- Siempre que pienso en ti, se incrementa mi amor, tus mejillas rosadas, me llenan de ilusión, cada día voy consciente que eres mi amor de siempre, qué puedo hacer sin ti? Si contigo, soy siempre feliz.

284 -- Quienes han pretendido volverme un andullo, tarde o temprano, recibirán lo suyo.

285 -- ¡Cuidado con conspirar contra el autor, porque el autor todo lo convierte en ficción y lo que parece ficción, puede ser la clave de la redención .

286 -- Te brotan las secuelas, en cualquier dirección donde te muevas, muchas veces la vida suele otorgarte innumerables estelas, en fin, cuando no es Mariquita, es Maricela.

287 -- Habían surgidos unos vagos en la ciudad, que era más su necesidad de cobrar, que el servicio que ofertaban dar.

288 -- Bien aventurado aquel, que es seguido por una mujer. Si ella es simpática natural, por nada me debo molestar, ni por celos me he de atolondrar.

289 -- He resistido, y el enemigo no me ha vencido. Algunos piensan que estarán perdidos.

290 -- Aquellos que ayer se movieron conmigo, y hoy se sienten ofendidos, creyéndose mis enemigos, nunca fueron mis amigos, la envidia es una enfermedad, y la tolerancia una virtud.

291 -- Transitaba en el sendero, me motivó en su expresión y le declaré mi amor.

292 -- El conocimiento salva, el no comer te defrauda, y aunque el dinero hace falta, el leer forja esperanzas, no solo el pan te sostiene, la sabiduría es elixir que impregna todo tu ser, para que el amor te cures y entienda el gran renacer que es la esencia de la vida, que es volver y retornar, y una nueva humanidad pronto el planeta tendrá, con un mundo bendecido, que disfrutará la paz.

293 -- Cultura definición de acción y condición, gracia, gloria y galardón.

294 -- Pon la justicia por encima de tus aspiraciones, y la naturaleza te darás la gloria.

295 -- La sabiduría es la base del conocimiento, de lo que llevamos dentro, y esperamos ser certero, y no juzgar por hacerlo!

296 -- No se puede confundir sabiduría con malicia, el sabio espera en Dios, y el maliciosos en el hombre, es por eso que es maldito.

297 -- Se creativo, no imitador, el imitador siempre quiere ser lo que el otro es, pero cree carecer de la facultad para serlo.

298 -- Gran parte de los habitantes de nuestra nación, que por poseer más facilidades, deberían estar más informados que el resto del mundo, muchas veces, no saben dónde les quedan las narices.

299 -- La libertad no es simplemente la expresión de una ilusión, es la concreción de la acción en el honor de la causa y la justicia social.

300 -- El arte es una canción de gratitud y emoción!

301 -- Soy un hijo de Dios, y los hijos de Dios, traemos la bendición a flor de piel, . por eso, todo tiene que salirme bien.

302 -- En el trayecto de la actitud que asumas, te identificaras frente a los de más, sin embargo, cada uno es cada cual y nadie podrá borrar, lo que trae por bienestar.

MONO'LOGO
DEL SILENCIO

Porque nada ni nadie bloquearán la verdad, el éxito ya está lleno de bienestar.

Para despertar, a veces tú necesitas andar en el camino, para vivir y crear tu propio nivel de consciencia.

Porque la justicia debe estar por encima de las ambiciones, ninguna autoridad, debe abusar de su poder, porque las consecuencias, alteraran su conciencia.
Aludiendo a los rumiantes, vacano viene de vaca, la vaca come la grama, la grama influye la leche, y la leche te fortalece. Todos queremos vivir alrededor de un confín, las niñas te quieren para darte su querer, y el toro frente a la vaca le permite ser ingrata.

Es necesario pronunciarse adecuadamente, las palabras atraen lo invocado como bendiciones, si el enemigo es lo adverso de lo beneficioso, debemos poner a Dios, como el escudo de lo más glorioso.

Gloria, gloria, gloria al señor, los caminantes iban cantando y otro gran grupo iba alabando, nuestro señor estaba escuchando.
En plena gloria, el respondió, y bendijo al mundo que lo siguió. Gloria, gloria, gloria a Dios, bendijo al mundo que lo siguió,
Todos orábamos y él nos escuchó, fuimos su pueblo y él nos salvó.

La poesía es la noble cofradía que libera el alma mía, de vida es filosofía que esperanza cada día.

Ningún terror debe atemorizar, ningún hombre cuerdo intentará atrapar la invisibilidad sobre el aire, solo los locos dispararan sobre un fantasma.
Nueva york, ciudad de ilusión, doble parking hasta el deshonor, no hay manera de la corrección, en el mundo se perdió el amor.

Acorralado por donde quiera, y es para nada, no soy cualquiera, con la virtud elevamos la esperanza y sembramos la virtud.

Dios bendice en toda dirección, bendice por su gloria, bendice por amor, y toda su grandeza, otorga redención.

Como era posible que en una sociedad de libertad, se condenara el acto de lesa humanidad tolerando los actos de maldad.

La paciencia edifica el alma, por eso yo espero con toda mi calma.
La experiencia habla más de lo que se dice, porque lo que se diga por experiencia, es la reafirmación de lo que acontece.

Los más pobres de cualquier país del mundo, no son los que carecen de dinero, sino, los que carecen de inteligencia.

Nunca persistan en silenciar la voz de la conciencia, pues tan solo intentarlo genera consecuencias.

Muéstrate importante, frente a los que se creen superiores, y te darás cuenta a quien se le rinde honores.

La felicidad de los malvados es pasajera, y mi gran satisfacción consiste en que aunque me han hostigado, no han podido vencerme.

Si quieres evitar problemas, sígueles la corriente al sistema.
Dicen que en algún tiempo de mi silencio guardé mi amor, dicen que tu presencia iluminó mi corazón, que siempre he pretendido armonizar tu devoción. Y hoy ando por el mundo por despertar toda ilusión, para que sean felices y restablezcan el amor.

El cielo y la tierra me han entrenado para que no sucumba en la vida. Con la llegada de la transformación, se recuperará el honor.
Me han querido hostigar con el dolor, para que no difunda mi expresión. Erradico el dolor de mí mente, de mi espíritu, y de mi corazón para ponderar mi tierna expresión, buscando por siempre un mundo mejor, estoy liberado, tengo un cuerpo sano.

La limitación te otorgas dolor, y el dolor, te otorgas perfección.
Los seres humanos, andan extraviados, y el señor les entrega, todos sus milagros. Sólo en una sociedad paradisiaca donde haya igualdad y solidaridad, y el ser viva para alimentar el espíritu, no para corromperlo, podría utopizarse la aspiración, de que las bibliotecas, sean más importantes que lo bancos.

Las turbulencias de los tiempos han restringido la acción del hombre, esclavizando su conciencia, y dice el señor:

- Presta atención a mi amor, te daré liberación.

Expresión de acción y comprensión, la mejor opción para un lector, es la definición del contenido para ser el mismo, para despertar y reivindicar.

El conocimiento salva, el contenido de cada libro es la libertad de tus sentidos. Leer te otorga poder, redefine el existir que la vida ha de sentir.

Una nación que tolera e induce a la corrupción es una impresión sin ética, sin razón y sin honor, que al no sembrar el ejemplo, lleva al pueblo a la opresión.

LA MISTÌCA DEL SILENCIO

De lo vivido integró un libro, que se tornó como su galardón, la reflexión de todo lo expresado transformó su corazón Su amada era casada y toda embadurnada del sentir de su ser, sintió el poder del renacer y abandonando el cuerpo se volvió golondrina para escapar de la jaula de oro a donde su marido la tenía oprimida, para volar próximo al manantial donde su amor oculto la aguardaba en silencio, al llegar hacia él, posándose en su hombro lo indujo a comprender, que ella salió corriendo de sus rejas aisladas expresando su amor, para decirle a aquel, que él era su tesoro y ella era la atrapada, en la jaula de oro.

Que por la libertad, se dispuso a volar, que con él por el mundo, habría de circular. Él le besó en el pico y justo en ese instante se tornó golondrino, tomados de las alas, trazaron su camino, ahora estarían unidos con un mismo destino.

Entrelazados, alzando el vuelo, volaron el espacio sideral, y al caer en la isla de su despertar, ambos se volvieron a amar.

Rompieron el silencio y volviendo a hablar se dijeron versos, el manantial de su derredor, reflejó la imagen de su amor, los dos entrelazados se vieron adorados, porque el espíritu los había consagrados, y la felicidad reveló su verdad, que eran pareja eterna que andarían por el mundo predicando la paz, que todo en adelante seria felicidad, y que ya no habría forma de regresar atrás porque todo lo que fue dolor, se les había convertido en fibra de su amor.

Ambos sonrientes, se vieron las pupilas, y sus ojos brillaron por ese nuevo ensayo, porque la vida era, la grata maravilla que al espíritu brilla, con sus pautas sencillas. El silencio volvió y restableció su voz, tan solo para cantarles la canción de los dos, ellos serían sus nidos, y volarían en el tiempo, por los rumbos perdidos.

Todos sus estribillos fueron preconcebidos, mística del silencio, que se se cantó en el tiempo, ya la muerte sobre ellos carecía de poder, y volaron por siempre, hacia otro renacer.

Volvernos al refresco de los tiempos, cuando en el libro dos, te retorne la voz. Y la expresión se haga un himno de amor, y entre poesías, versos y canciones, te reencuentres con él, en el "suspiro de primavera"

LIBRO DOS

SUSPIRO DE PRIMAVERA

SEGUNDA PARTE

SECCIÒN < XIII >

*NUNCA PERSISTAN EN SILENCIAR LA VOZ DE LA CONCIENCIA.
EL TAN SO'LO INTENTARLO, GENERA CONSECUENCIAS.*

POESIAS, VERSOS Y CANCIONES

MARIANO MORILLO B. Ph.D.

DORMIR EN EL SUEÑO

No hay emoción ni pasión que definan tu ilusión, tan sólo hay experimento en la gloria y el tormento que da el amor y la gracia de lo que se lleva dentro.

Hay días que te miro mientras duermo porque me encuentro en suspenso.

Que sonrío con tu sonrisa como notas de un concierto. Que la vida se me expande porque tú eres la armonía. Y siempre sigo soñando que tú eres la gloria mía.

Siempre tendré la expresión de la brisa del amor. Y te besaré en el tiempo al centro de la distancia.

Donde tu amor glorifique la gracia de mi esperanza. Así seguiré soñando que tú eres mi gloria andando. Que la luz de la verdad, al fin me rescatará.

AMOR DEL ALMA QUE ME CONSAGRA

Había quedado todo definido.

Soy propietario del nido que parecía perdido. En el tiempo que estuviste conmigo.

Tú eras mi amada y yo era tu amigo. Al referirte a mí, alegre me decías. Tus huevos están al borde de mi vista.

Tu eres un hombre de mundo, y yo una señorita. Yo me extasiaba a mirar tu mirada.

Tú me sonreía como la consagrada. Y tu nariz, a tu cuerpo pegado.
Con tierno anhelos, sobre mi respiraba. Y tu perfume de rosas inmaculadas.
Jamás me hizo dudar, que era a mí, a quien amaba. Tierna alegría sentía la vida mía.

Al ver que tu sonrisa a mí me sonreía. Los tiempos iban cambiando.

Y mi amor se esmeraba, al besar tu mejilla con plena piel rosada. Y la transformación fue como ebullición.

Mi amor estaba dentro, de tu gran corazón. Tal hecho fue motivo de tan grata ilusión,

Lo que siempre me indujo a la consagración.

Es el amor del alma que genera mi calma. En cada pauta la gloria se consagra. Y pienso en ti, y me vuelvo feliz. No se la magia de tal consagración.

Es tan grato tu amor, que erradica el dolor. Eres la medicina que curas mis heridas.

Eres tierna esperanza que construye mi vida. Eres la gran virtud, que me enciende la luz. Eres definición que reactiva mi amor.

Eres la medicina que me quita el dolor. Eres el mejor ungüento para mi curación.

DIOS NOS SALVÒ

Gloria, gloria, gloria al señor. Los caminantes iban cantando. Y otro gran grupo iba alabando.

Nuestro señor, estaba escuchando. En plena gloria el respondió.

Bendijo al mundo que lo siguió. Gloria, gloria, gloria a Dios.

Bendijo al mundo que lo siguió. Todos orábamos y él nos escuchó. Fuimos su pueblo y él nos salvó.

ELLA
ES LA MUJER

Toda mi vida he amado a la mujer, porque fue el canal que otorgó el señor, porque de la creación ella fue la opción que acertó el nacer, ella fue la opción que otorgó el señor, ella fue el acierto que el don del divino dejó en el camino, para armonizar la naturaleza, ella es la sapiencia que en silencio indica el sentir del ser al amanecer. Ella rediseña las pautas a seguir, ella es la mitad de la humanidad, también es la madre de la otra mitad.

La mujer divina, el ser que me inspira, la chispa interina, ser del universo que me induce al verso.

Ella es seso fuerte, no sexo que envuelve, y con su mirar me hace despertar.
Ella piensa sano, llora con ternura y tras su paciencia rompe las ataduras.
Ella es tan gloriosa que Dios la hizo hermosa, por cada accionar Dios la hace brillar para con su luz, el mundo cambiar, eso es la mujer, es mi despertar.
Repaso el tiempo de mi pasión y siento amor, tú eres la flor de la comprensión, que siembra ilusión, y eres la esencia de mi silencio y te llevo dentro, y aun tengo activo en mi corazón este sentimiento.

Triunfar es el afán de las almas y con el deleite se prende el fuego de la esperanzas y van activándose las grandes causas.

Si tú no tienes marido, ven y júntate conmigo, que una mujer como tú, es la que siempre he querido.

La boca del necio produce contiendas y tiende a alejar a la mujer bella, y suelen decir según la expresión, que a los golpes induce en el corazón
Naufragando en la esencia de la luz, para mirar de frente el sol radiante de la inquietud.

No sabemos claramente y quisiéramos indagar, cómo, esos bandoleros no se les quema el trasero, por andar tras el inocente estresándole la vida sin una chispa de almíbar, como gente mal viviente, que andan como inconscientes.

Cuando contemplo tu esfinge, ya no quisiera dormir, pues la forma de tu cuerpo me inspira mirar el cielo, la belleza que contemplo es como mirar el tiempo, y si te veo sonreír, por ti quisiera vivir.

Por eso que Dios la cría y ellos se juntan, todos ignoran quien será que va a aparejar la yunta.

Esos ojos bonitos que tú me muestras, son gloria y esperanzas de notas ciertas, de aquello que inspírate para que escriba, de excelsitud y gracia, qué maravilla. Hay que esperar, que regresen los animales que son del mar, hay que esperar, que las tiernas hermosas sirenas vuelvan a hablar, es un grato y grandioso mito que hay que narrar.

Por eso que Dios la cría y ellos se juntan, todos ignoran quién será que va a emparejar la yunta.

Cuando contemplo tu esfinge, ya no quisiera dormir, pues la forma de tu cuerpo me inspira dar un concierto, la belleza que contemplo es como mirar el tiempo, y si te veo sonreír, por ti quisiera vivir.

Los que nada sienten por nadie, suelen buscar a alguien a quien convertir en víctima, mientras satisfacen sus egos y justifican el sadismo.
En el invierno se ocultan y no pueden florecer, en primavera se prenden y todos la pueden ver, llevan mensajes de amor cuando se tiene un querer, se muestran maravillosas todos las quieren tener.

Eres una perla ostentosa, de sonrisa milagrosa que todo el que te contemplas piensa que tú eres una rosa.

La timidez de tus labios, te induce a mostrarte hermosa y todo el que se aproxima, te adoras como a una rosa.

Esos animales llenos de soberbia te obstruyen el paso por donde tú vas, si tú les protesta te quieren ladrar, y si le hace frente, debes despertar.

En la secuencia de la alegría, que estremece el alma mía, saludable y jovial y esperanzado expreso, yo soy el que yo soy dando espacio a que la musa me acaricie y a que la luz me reivindique, y es que la eternidad transita en mi vereda y tras mi despertar, me muevo a liberar.

La eternidad de Dios ahora la porto yo, porque a la humanidad la voy a despertar, y tras de cada acción, Dios trae liberación.

La esencia de todo se refleja en ti, si todo está dicho, no hay que decir nada, la paz y la justicia construye morada.

Lo que guarda el corazón, se reserva en la expresión.
La penumbra del recuerdo me libera en el consuelo y admito que yo te quiero, y de día eres mi luz, y de noche eres mi sueño.

Si la mordida del sabor nos nutre en la información, definamos la expresión.
La expresión que otorga amor, es una muestra de honor, porque la palabra es, pauta gloria y redención.

Cada uno es cada cual, porque según es el nido, las aves se abrigaran, muchos quisieran ser otros, y en su intento no podrán, porque la esencia te marca creando tú distinción, no eres malo ni mejor, simplemente viene a ser, lo que trae de asignación.

La justicia es grata y buena, induce a romper cadenas, y a erradicarte las penas. En cada amanecer despierta el sol, y sonriendo a la vida, te oferta amor, que ternura más grata es la ilusión, que tú traes adherida al corazón.
Yo soy la causa del amor, soy la razón del corazón, cada latido lo doy yo, yo soy tu Dios, tu creador.

Gracia te doy mi gran señor, eres la luz de mi pasión, y en tu esencia me muevo yo, yo soy tu obra creador.

El ejercicio en tu existir, lo causo yo y te hago vivir, yo soy la antorcha de tu luz, yo soy tu padre, yo soy Jesús.

Que nunca el taladro de la existencia, nuble tu trayectoria ni tu conciencia.
Nadie es culpable de las tempestades, ni de los azotes que otorga el destino, ni de los éxitos ni de los fracasos, ni de las razones para estar conmigo.

Nadie es culpable de la dulce esencia que envuelve mi vida y la ata a tu presencia, porque tu amor me torne mejor, y en el jardín se prenda una flor.

Nadie es culpable para ser el ser que vuela en el tiempo, impacta en lo cierto que el campo de gloria es el universo, que llega y se va para hacer conciencia en el despertar.

Nadie es culpable que la humanidad encienda una vela, tras de algún reflejo que no es la verdad, que se sacrifique buscando en el hombre la felicidad.
La culpa no es culpa, acción de experiencias que da la vivencia!

¿Ve usted la razón por lo que le afirmo que su corazón no tiene la culpa de que el mío la ame, y el suyo sea de otro?

Nadie es culpable de que la ilusión se torne espejismo, ni de que usted crea que estando con otro, aún sigue conmigo.

Un judas le comentó a un perseguido:

---- El sólo hecho de escucharte me molesta.
---- Eso significa ser envidioso intolerante y soberbio.
---- Eso es lo que tú piensas.

En cualquier circunstancia yo valgo más que tú y los que te indujeron a ser así, por mi pagan, y por ti, no dan nada.

El juda quedó boquiabierto, al encontrarse descubierto.
No hay razón de que esté triste la felicidad, eres el alma de la fiesta y la alegría que siempre haz de estar.
La patria llora por dentro, ¿Quién lo puede remediar?

Los hombres de gran coraje, se pusieron a temblar, si no clamamos con fe, lo que de nosotros es, puede ser que lo lloremos si vemos que lo perdemos, unámonos como un hombre, que quiere la libertad, y los patriotas emulemos, con Dios patria y libertad.

Duarte, Sánchez, Mella, fueron las velas de ese velero, que ahora camina sin rumbo, y pide que lo conduzca, un hombre que alce la espada de la gloria libertaria, que a Caamaño y Luperón, representen con honor.

La expresión del corazón, es un libro de emoción, torneses el mejor lector.

Cada hombre en su morada, es una magia existencial que define su vida, al transitar, marca la diferencia entre el que la posee, y el hombre artificial que trata de mostrar lo natural.

Los hombres de Dios, nunca caemos porque cuando nos agregan una zancadilla, ya Dios nos tiene una muletilla.

Si alguien se sintiera viejo y derrotado, es por su naturaleza, porque aunque fuimos hechos a imagen y semejanza de Dios, todos somos diferentes.
De noche en la madrugada se me tornó una alborada y solo pensaba en algo, en la sonrisa de mi amada, tan tierna y tan picaresca, me mostraba su belleza.

Si tú no tienes marido déjame irme contigo, pues siempre yo te he querido, busco renacer contigo.

¿Cuál es el futuro preconcebido de una nación, que ha sembrado el auto dolor, por no entender la comprensión?

La canción de devoción de aquel que fue un luchador, sin ser de aquí ni de allá, dio a la patria potestad.

Todos quisieran saber dónde está, el pueblo la busca y la quiere encontrar, ella es tierna y bien amada, todos tratan de encontrarla.

Todos la anhelan y la quieren besar, los dictadores se niegan a hablar, pues su belleza es particular, es una dama muy anhelada y el pueblo intenso quisiera amarla y por ella clama Libertad, libertad, la dama de verdad, todos la quieren amar.

La ignorancia obnubila los sentidos, bloquea el buen juicio y no permite superar la maldad.

BESOS DE CURACIÒN

Es una grata emoción. Saborear tu devoción.
De darme un beso en el alma. y ganar mi comprensión.
Me gustan tus besos.

Tu piel es el equilibrio de mis labios. y se va de mi existencia.
Todo dolor y resabios. Por eso busco pretexto. Para hacerte mí aderezo. Para recibir tus besos.

Deambulando por el mundo. He comparado tus besos.

y he podido comprobar. Que no hay mejor aderezo.

Que el consumo de tus besos. Siempre que voy a almorzar. Me detengo a saborear.

y transformo aquel sazón.

A los besos de tu amor.
Eres la tierna belleza. Compasión de mi ilusión. Eres ternura graciosa.
Que me activa el corazón. Siempre que siento dolor. Ordeno a mi comprensión. Que tus besos sean calmantes. Que curen mi corazón.
Tus besos son tan gloriosos. Pauta de la curación.
Y al sentir que tú me besas. Siento eterna redención.

TRAS LAS HUELLAS

Tras las huellas de algún naufragio me voy deslizando. Es tan glorioso tu esplendor, que te ando buscando.
Para alumbrar mi corazón, que ha estado llorando.

Quiero la gracia y el esplendor, que el universo nos otorgó. Esclareciendo la expresión de gracia y honor, de esa tierna voz. Que ha plantado Dios.

LA COMIDA
ACTIVA LA VIDA

Todos sienten tener emoción. Todos buscan la comprensión. La comida es una emoción.

Arroz con coco, arroz, con coco. Bien cocinado es delicioso.

Cuando lo como parezco un oso. La comida activa la vida.

El comer te otorgas placer. Las delicias que ofrece la vida. Todas vienen bien definidas.

Parte de ellas, está en la comida.

Y es por eso que eres lo que comes. Ruego a Dios que este bien conforme. Tengo acceso al arroz con coco.

Una hambruna está amenazando. Los humanos ahora están temblando. La receta está circulando.

y el planeta esta salvando.

Arroz con coco, arroz con coco. Todo el mundo eleva la voz. Todos comen para no sufrir. Sin arroz te vas a consumir.

Arroz con coco, es saludable. Arroz con coco, arroz con coco. Es saludable, y es bien sabroso.

VELOCIDAD

La juventud la anda persiguiendo. Pero ella es joven y le anda corriendo. Velocidad, mamá, velocidad.
La nena quiere que le den velocidad. Si salta aquí, viene de allá.

Porque ella quiere que le den velocidad. Ellas danzan y saltan, hasta negar la causa.

No quieren estudiar, porque su vida es vacilar. Ellas piensan distinto a como lo hacía mi mamá. Esta generación no es de mucha reflexión.

Sobre todas las cosas ellas prefieren el vacilón.

Pero están ignorando que el conocimiento es salvación. El que estudia en su vida.

Siempre está un poco más arriba. Puedes elevarte alto.
Hasta obtener un galardón.

Y a todo quien tu inspire te verás como un redentor. Y en el barrio tu gente comentará tu distinción.

Y todos pensaran que eres digno de admiración.

Velocidad, mamá velocidad.
La nena quiere que le den velocidad. Si tú está aquí, te cae de allá.
Porque ella quiere que le den velocidad. Es fácil triunfar si vas a estudiar.
Todos en el barrio te van a admirar. No te vuelvas zombi, dejas de fumar. Y vete a la escuela.
Y ponte a estudiar.

Pontees a leer, y libre vas a ser. En una parada provisional.
Todo aquel que busca va a encontrar. La velocidad, que le deban dar.
Esa bella nena, la va a encontrar.

Si optas por el vicio te vas a doblegar. La velocidad te vas a maltratar.

Detente un momento y ponte a pensar. Que lo más mejor, es irte a estudiar. Un mejor trabajo te vas a encontrar.

La ingrata ansiedad se va a controlar.

Es mejor frenar e irte a la escuela. Allí aprenderás y te vas a elevar. No hay mejor manera para disfrutar. La velocidad, ya no estará más.
Y el auto control, te libertará.

EL SER
DEL QUERER

Que se marchite el tiempo y no tu amor. Por el tormento de la exageración.

Eres mi pauta eterna de toda ebullición. Que pueda atormentar mi corazón.
Si un día decide que claudicó tú amor. Te haré la reverencia del dolor.
Pues tu amor es tan dulce en esplendor.

Que renueva hasta el instante de mi respiración. Tus labios son tan tiernos al sonreír.

Que definen la pauta del vivir.

Siempre que late mi corazón, me inspiro en ti. Y tu esplendor.
Para entender la gracia de tu amor. Tu voz, me enseña a renacer.
Siempre que te me expresa, en cada amanecer. Cuando el silencio de tú aparición.

No me pronuncia tu bella expresión. Que induce fácilmente a la comprensión. La esperanza me hace dirigir.

El sentir de mi amor, a la emoción. Y tu mirada tierna, me acompleja. Y turba mi vivir.
Y, no sé si insistir, o dimitir.

Es que tu belleza grata y juvenil. Entiende la ilusión de mi existir. Cuando me miras transmite la paz. Que da a mi vida la felicidad.
Eres bondad que renacerá. Para volver a mí, sin naufragar. Eres beldad, que me haces reír.
En cada despertar de mí existir. Si el estruendo de la naturaleza. Te alejaras de mí.
Yo quedaría golpeado por el sufrir. Y si acaso surgiera el desamor.
En cualquier pauta de la incomprensión. Yo seguiría tus huellas.
Para rendirte honor, en mi dolor.

SECCIÒN < XIV >

LA DANZA DE HOLLOWEEN

Cuando Drácula se empoderó, todos los vampiros que emanaban de él eran su familia. Así todos los mitos y supersticiones ajenos a los del nuevo mundo, habían llegados del viejo mundo, como confirmación de cómo se originó la inmigración, que había partido de mitos y supersticiones que habían salidos de sus regiones para imponerse sobre lo que antes era desconocido, generando terror y manipulación a quienes en la ignorancia vivían en estado de shock.

"Les vamos a dar la oportunidad de la confesión, para evitar el dolor de la rebelión".

El diablo y el cuco fueron los entes para infundir terror y manipulación, al grado que la humanidad se estancó, y su espíritu se doblegó.

El origen primario de Halloween se generó en Irlanda, pero se extendió hacia América en el siglo XIX, cuando se expandió la presencia de los colonos Europeos hasta llegar a la tradición según la historia evolutiva del folklore del planeta y especialmente de Estados Unidos.

Halloween significa noche de brujas, paganismo o fiesta de muertos, aunque algunas sectas del cristianismo occidental la llaman "fiesta de todos los santos".

Sin embargo el origen del término se basa en las tradiciones Celtas y el Cristianismo Romano, no obstante a lo largo de los siglos, su historia evolutiva generó cambios drásticos que involucraron el terror en las celebraciones que pasaron de un culto religioso a un terrible impulso satánico, donde algunas sectas terminaron asesinando varios de sus feligreses como ofrenda demoniacas al poder de las tinieblas, donde la sangre emulaba a Drácula, que era el símbolo del diablo y el cuco, impuesto a los primitivos nativos Americanos, quienes por sus inexperiencias confundían a los blancos con los dioses.

LA CONCEPCIÒN

LA lluvia está, y detrás la humedad, la capa de ozono se restaurará. El medio ambiente resurgirá y en el planeta se podrá habitar..

Tómese el tiempo que ha de tener, que con paciencia la esperaré. Toda la gracia se ha de intentar, que al sonreír, le ha de llegar. Por eso los de fe invertida, hablaban con armoniosa soberbia.

Soberbia que les hacía fácil atraer la desgracia a sus vidas. Y, hasta la melancolía a las vidas ajenas.

Por sus condiciones de irracionales e inconscientes, nada los inmutaba. Así sobrevivían tales perversos, en esos tiempos apocalípticos.

Nada les importaba, porque andaban confundidos en sus destinos. Más yo aguardaba, a que la primavera regresara.

A que volviera tierna y relajada.

Y que trajera con ella su verdor de honor y redención.

Yo aguardaba que volviera conmigo, para que la destrucción que los inconscientes quisieron aplicar.

Se destruyera en la profundidad de su hangar.

Esa era la razón de la aseveración, que los conduciría a la auto- destrucción.

Pero a pesar de aquel desamor, la vida seguiría avanzando, para que todos siguieran danzando.

DÌAS DE ALEGRÌA

Hay días que renuevo mi alegría.
Que camino con gracia y con cierta armonía. Cuando tu tierna sonrisa me inspira.

Siento que puedo alargar la vida. Porque tu amor se intensifica.

Y su reflejo se envolvió en tu sonrisa. Soy siempre sereno, estoy seguro de ser.

Es por eso que camino con la frente en alto. Mirando el esplendor con serenidad y amor. Me voy desplazando muy calmadamente. No me he de inmutar frente a la gente.

Pero tampoco frente a lo que otros temen.

Tiendo a superar lo tradicional, soy muy diferente.

Si la tierra tiembla la gente del mundo quisiera llorar. Ellos nunca piensan que algo natural pudiera pasar. Mientras que yo sigo quedándome en paz.
Yo sigo existiendo en naturalidad. Y veo que el espíritu es la libertad.

NO HAY RAZÒN

No hay razón de que esté triste la felicidad.
Eres el alma de la fiesta y la alegría que siempre haz de estar.

Felicidad te invito a danzar.

Muchos se andan disfrazando y la verdad mal trajeando.

Por eso suele decirse que aunque se vista de seda la mona, mona se queda.

Porque aunque el disfraz confunda la visibilidad, lo que se percibe no siempre es lo que es.

Despierta! No dejes que te hagan creer que eres, lo que no eres. No te alienes ni te altere.

Dios no hace porquería, simplemente estamos en una representación existencial.

Una representación, que en el libre albedrio debemos preservar pero que al regresar, pasaremos a evaluar.

Así pues os llamo a reflexión frente a la creación. Gloriado con la bendición, soy esplendor.

Gracia infinita, y plena gloria al creador. Así la luz sigue brillando en la conciencia. Fluye el amor de esperanza y redención.

Reconstruyendo el medio de su ambientación.

La humanidad, se siente en paz. De pronto ha vuelto a respirar.
En la luz, está el despertar lo cierto es que aquel que dice la verdad, y quiebra la acción de manipulación, es un ente de liberación, que irrita al opresor.

Frecuentemente la esperanza vigila y la oportunidad acecha, y en un momento de aceleramiento sin reflexión ni discernimiento, se puede generar un gran tormento.

Sin perder la esencia de la misericordia es necesario percatarse de lo que hay detrás de cierta amistad, pues "no se puede creer en aquella persona que al mencionar a Dios, cambia el tono de voz " porque frecuentemente la hipocresía y los hipócritas andan tomados de las manos, buscando crear barreras para bloquearte y atraparte.

Ser cauto es una virtud de luz, pero es necesario no dejarte atrapar en la ceguera del corazón para discernir con honor, con justicia y con amor.

No permitas que nadie detengas tú avance cuando no hay razón para preocuparse, lo que tiene que ser siempre será, y si ha de ser feliz, tendrá la libertad porque Dios, siempre ha sido verdad.

Todo lo que se mueve desde la esencia de su ser, es el que es, y aunque se maquille, no dejará de ser, porque si soy el que yo soy, nadie quebrantará lo que he venido a ser, porque tras la verdad está el poder que reafirmará tu selección o asignación.

La historia de la redención, es razón para el perdón, Jesús tomó inmolación por la gracia del señor, aleluya gloria a Dios, es grata la salvación.

Las pruebas que parecen dolor, fortalecen el tendón del corazón y la debilidad no ronda más, al generarse una transformación donde el hombre le duele al dolor.

Es preferible que tus hijos sean auto-determinados antes que esclavos reciclados con cerebros lavados.

El sistema intenta discriminar y silenciar a los hombres liberados para que no influyan en los esclavos.

Sus verdugos quisieron subyugarlo más a él, nada lo inmutó y levantó su vuelo con honor y su dignidad marcó su libertad.

Soy un constante amor de reflexión, sólo causo alegría sin dolor, y el querer que me quiere tener, recibirá la gloria de mi ser.

Brisa de esperanzas, gloria de añoranzas, la virtud del sol te muestra el amor, y tu tierna vida desprecia el rencor, eres gracia cierta de mi devoción, y tu grato amor, me cura el dolor.

Hay seres que escogieron la vida de ser cretino y su felicidad, consiste en la maldad, por eso le es fácil envidiar, saquear, hacer fraude, manipular y confundir.

Nunca ofrecen una ayuda desinteresada porque detrás de cada acción, hay una mala intención.

Se deleitan usando y abusando al prójimo porque carecen de capacidad natural, para llegar a un lugar que no sea usando las espaldas de los demás, como taburetes de sus saltos.

A ese tipo de seres hay que tenerle paciencia, tolerancia y misericordia, porque ellos ignoran que a la hora de caer, serán tan grandes sus laceraciones, que las curitas de las magulladuras, no les servirán para cerrar la gran herida del alma.

En algunos casos, no quisiéramos enumerar las maldades recibidas, desde los de más arriba, hasta los de más abajo, que al fin o al cabo no han sido más que un grupo de ignorantes empoderados.

Sin pretender insistir en eso, porque precisamente ahora, se ha estado tomando como justicia los arranques del rencor, erradicando vidas que antes los ojos de la opinión pública, parecen inocentes, porque los pusilánimes e ideólogo del mal no dan el frente.

Sin embargo, la vida está tan bien diseñada que no hay plazo que no se cumpla, ni deuda que no se pague.

Lo que tiene que ser será, no se mueve una hebra de cabello sin la voluntad del padre, y lo cierto es que el libre albedrio de estos tiempos, está siendo muy mal usado.

Ignoran los ideólogos de la maldad en el libre albedrio que ninguno está por encima del guion realizado ante Dios, para este planeta en los tiempos apocalípticos, y que "el que a hierro destruya, con hierro será destruido".

Así que es tiempo del despertar, se está creando desde las altas esferas una anarquía organizada para justificar la esclavitud.

¿Por qué creen ustedes, que se ha manipulado la verdad de los hombres de luz que hemos sido posteados para estos tiempos de dificultades?

Ahora se habla de los iluminates como una pandilla motorizada que anda haciendo maldades en distintos renglones del planeta, que provocan accidentes con vehículos sin tablillas y se fugan del lugar de donde acontece el crimen, sin embargo esos mandaderos de tales actos delincuenciales no son más que los falsos profetas anunciado en el capítulo bíblico denominado apocalipsis, financiados por organizaciones que intentan sembrar el caos en los distintos renglones del planeta.

Sin embargo, los hombres de luz, no hacemos maldades ni daño a nadie, estamos postados en el planeta para ayudar

A muchos se les ha mantenido boicoteados para que hasta para comer tengan que depender del favor de los que sustentan el poder político.

¿Acaso no ven ustedes que se han fraguado fraudes estratégicos en distintos lugares del mundo con el propósito de mantener el control para el gobierno global, y están usando sectas que se venden como religiones para continuar el control a través de la manipulación, para cuando se llegue el momento, todo el planeta esté amarrado.

Es necesario despertar, el cambio no se puede parar, queremos libertad sin maldad, aunque para la paz, tengamos que pelear.

Como lo esbozó Confucio con gentileza se expresa:

"Es mejor nacer enano por naturaleza, que quedarse pequeño esperando la voluntad del otro".

Hay personas que nacieron para ser piedras en el zapato de su prójimo, para bloquear las aspiraciones de los de más, porque ellos son de esa comprensión, y no pueden ni quieren entender, que la vida se asigna o se escoge antes de nacer, y que lo que se trae en el alma del espíritu, nadie lo puede cambiar.

Simplemente hay momentos y pautas evolutivas que nos conducen por donde debemos pasar, y a donde debemos llegar, pero cuando se acaba el guion de las personas que llegan a nuestra vida, ellas se van de nuestro lado al termino del rol que le asignaron o escogieron frente a nosotros, cada cual juega un rol protagónico en la vida.

Por eso al final de la misión simplemente regresamos al lugar correspondiente en el plano sublime, por eso dice el versículo:

"Buscad primero el reino de Dios y su justicia, y todas esas otras cosas te serán, agregadas".

Eso significa que lo que es tuyo, viene contigo y nadie puede trasponerlo porque pasarán los cielos y la tierra, más la palabra del señor no pasará".

Todos quisieran saber dónde está, todos la anhelan y la quieren besar, los dictadores se niegan a hablar, pues su belleza es particular, es una dama muy anhelada y todo el pueblo quisiera amarla, y clama por ella:

Libertad, libertad, libertad.

Es tan tierno el amor, que aquel que lo practica queda envuelto en las redes de darse al ser amado sin esperar regalos.

Toda grata expresión nos conduce al amor.

Nada permanece estático, la naturaleza cambia y las formas se transforman.

Los derechos humanos no pueden ser violados por la prepotencia de los sectores empoderados, ni por gobiernos ni atribulados, el humano nace inmaculado, y el honor de su condición, lo conduce a la redención.

En materia de sobrevivencia resulta Dios la mejor ciencia, Dios proveerá, Dios proveerá, lo que nos haga falta él nos lo dará.

Dale, dale, dale, dale que se va, dejas que nos llegue la felicidad. Quien divulga su condición, queda a merced del opresor, más sin embargo, no te puedo negar que eres mi amor, y que sin ti, ya no puedo vivir.

La gracia es la sentencia de tu presencia, eres tan agradable como la ciencia, y lo que tú percibes muestra la esencia de lo que es despertar al caminar, tus reflexiones mueven al corazón a amar, con el honor de la expresión, y por tú gratitud muestro mi juventud, y la consagro a ti para vivir.

Lo cierto es que saber es poder, el conocimiento es la vid de la libertad.

Pauta para un gran concierto, pasan los días, y el recuerdo en el tiempo, hacen el ritmo de una melodía, que atiza el fuego de la simpatía.

La paradoja del honor nos da conciencia y esplendor que induce a la salvación.

SECCIÒN < XV >

PROCEDER

 El equilibrio de la salud mental, se inicia en la comprensión para la formación en el hogar, los niños son los hombres que los padres forman!!!

La comunicación y tolerancia, no son una extravagancia; toleremos y comuniquemos, para construir un legado equilibrado.

La cabina de los cerdos es la pocilga, no trates de adecentarlos porque según es el pájaro es el nido, y aunque se vista de mulo, el burro siempre rebuzna.

Las lenguas la hacen los hablantes, pero sin educación los hablantes carecen de normas de control, suprimiendo corrección.

El malvado aprovecha la debilidad del corazón para reafirmar su error.
No siempre la fuerza puede más que la razón, pero en función del corazón, reaparece el perdón.

Todos estamos indicado en el camino, para abordar la estrella del destino, si algo es para ti, nadie lo impedirá, y en el tiempo preciso lo tendrás que abordar. El día está plenamente maravilloso, luce hermoso y acomodado al amor, yo te contemplo y me parece una flor, con convicción eres gratamente mía, la claridad de tu bondad y mi gran amor, es la definición de la consagración.

Keyla, por el daba la vida, pero Fabián sin inmutarse le especificó:

---- Te dije cómo llegar y mantenerte aquí, no que mi vida seria para ti.

Aunque te sientas atrapado en los rayos, el reflejo de tu sombra se manifiesta en la luz.

Cuando el malvado pierde la lógica de su maldad, y comienza a experimentar remordimientos de conciencia, acaba recurriendo al suicidio.

La humillación no golpeó mi alma porque mi espíritu ha estado por encima de la maldad.

Aquellos que han intentado golpear al cuerpo abrigo del espíritu, jamás lograrán, lacerar el alma.

Las gentes por dinero, se atreven a desafiar la lluvia, el sol y el sereno, aman más el valor monetario que el origen de sus esencias que redefinen sus experiencias. Sólo los hombres de conciencia nos mantenemos firmes por encima de todas las tormentas.

Aunque por muchos años simulaste el amor el amor que has sentido por mí, tras de las bambalinas fuiste la vida mía, y el tiempo del tormento te causaba dolor, porque siempre me amaste y entendiste que un día habría de confesar que eres la vida mía, porque en cada renglón de aquella evolución, reiteraste por cierto que tu estaba sufriendo innecesariamente, siendo correspondida, sabiendo que por siempre, tuya seria mi vida.

No importa lo que hagan, ni en qué rincón del universo te tengan atada, mi amor es más grande que sus intenciones, y donde esté te libertaré, y tomados de las manos surcaremos el espacio sideral, y nos amaremos, al abrigo del destello universal, seremos libres y de planeta en planeta podremos volar, y sin ataduras, nuestro amor nos inducirá a conjugar el verbo amar.

Por siempre estaremos, y los astros a nuestras bodas acudirán, nos amáremos y Dios y su eternidad nos apadrinarán.

Aquellos que creen en Dios, glorifican a Jehová, y todo lo que necesiten, seguro él se lo dará.

Dios proveerá, Dios proveerá, lo que nos haga falta, él nos lo dará.
Los hipócritas desvían la mirada, no miran a los ojos, no miran de frente, miran de lado porque viven avergonzados de sus pecados.

Es que un beso de tu boca me provoca, y me induce a un amor de comprensión, yo te amo como muy pocos han amados y te llevo muy adentro sin tormento.

Todo está definido en el camino, todo es gracia gloria y amor del destino, es la razón que te induce a estar conmigo.

En este planeta, hay algo más grande que el hombre, que incide en la condición de determinación.

El patriotismo no puede obnubilar la razón, si tú sabes que en tu patria son cimarrones, admites que son cimarrones.

EL
GESTO DE CLETO

Muchos eran los lugares del nuevo mundo donde solían mostrar excesivos rasgos de ingenuidad, como cambiar espejos por oro entre otros, y aconteció que en una ocasión había bajado de una loma un habitante regional que desconocía los avances poblacionales, andaba de paso y había entrado a visitar a un pariente, pero debido a que él vivía en la montaña, o en la loma, tenía pocas información de las innovaciones y los avances tecnológicos de la ciudad, entonces mientras visitaba a su primo, Cleto que así se llamaba el visitante, optó por usar el baño, por lo que pidió permiso a su primo para tal objetivo, pero al desconocer Cleto tal mecanismo, se orinó en el lavamanos, y se lavó las manos y la cara en el inodoro. Entonces Cleto después de tal confusión fue acompañado por su primo quien optó por mostrarle la ciudad, debido a que Cleto se regresaría al otro día al amanecer porque andaba como ayudante de un camión de carga que había llevado productos para surtir los puestos de ventas de víveres y vegetales en el mercado de la ciudad.

Entonces mientras conocía la ciudad vio Cleto algo que lo impresionó:
Oh, que veo? Dijo Cleto, refiriéndose a un hombre que había visto vendiendo frio, frio, en un carrito, y que estaba guayando hielo echándolo en un vaso sobre el que vaciaba un líquido rojo vegetal, era frambuesa, y luego se lo pasó a un hombre que en seguida comenzó a sorberlo y a saborearlo, eso que el vio le había causado una gran impresión de manera que guardó silencio, y ni al primo le comentó nada sobre lo que esa tarde lo había impresionado.

En realidad, siempre se ha dicho que la ignorancia es madre de todos los males y en el caso de Cleto, aquel había confundido el hielo con sal y el líquido de frambuesa con la sangre de la vaca

Al otro día se regresó, el alcaide de su región que solía ir a tomar café al vecindario principalmente a donde Cleto vivía, aprovechó para preguntarle a aquel cómo le había ido en la capital, Pero Cleto con una voz cortante le respondió:

- Mire señor alcaide, yo ni siquiera quiero que me pregunten nada, pero como usted es la autoridad a usted si, le voy a contar:

Señor alcaide, en esa capital saben tanto que en una van a comer gente, yo no vuelvo más.

- Pero que fue lo que te pasó Cleto? Cuéntame.
--- Oh, señor alcaide, usted sabe lo último que yo vi? Un hombre vendiendo sal guaya con sangre de vaca, pero eso no se detiene ahí, porque hasta la cara me lavé en una maquinita de una que hace gárgara con todo lo que le cae.

El alcaide quedó sorprendido sin dejar de comentar:

Cleto, viajar y leer también son formas de despertar.
Si hablas, miras, oyes, respiras, salta y camina, todo indica que tienes vida. Los caminos de dificultades fortalecen las montañas de posibilidades.
Por fe sabemos que después de la tormenta viene la calma, porque si lo que sostiene esa convicción no existiera, entonces podría ser lo contrario, pero la fe nos hace atraer esa realidad esperada por ser la fe creer en lo que no se ve, y su recompensa alcanzar lo que se cree.

Temprano en la mañana vislumbramos de qué manera el ave fénix se reconstruyó de su propia ceniza, y asumiendo tener la frente en alto y la mirada serena, como un soldado de Dios, nos adentramos a restaurar la libertad y la justicia social, con la convicción de que nadie lo impedirá porque Dios guiará y el tiempo llegará.
No alertes a nadie de tu crecimiento, avanzas y guardas silencio.

Las experiencias te enseñan, perdonar es de misericordioso, no olvidar es de sabio. Dijo el alcaide, mientras Cleto pensaba:

"Con esa retahíla de expresión, se me nubla la comprensión.

SECCIÒN < XVI >

FIRMEZA

Si caes al tropezar, levántate con gloria y no olvides las consecuencias de tu caída.
Hay que aprender a tolerar, aunque atenten contra tu estómago, ni la violencia ni el resentimiento conducen a la paz, alguien debe ceder

Cuando conspiraron para impedirme sobrevivir, experimenté el hambre en medio de la abundancia, me alimenté de prána y aprendí que el hambre no era tan mala, porque el hambre me despertó la conciencia, y la escasez me indujo a la acción, y a pesar de la lucha la vida agudizó el escollo de mi condición queriendo limitar mis aspiraciones, pero como el águila, sobrevolé a las alturas de los triunfadores para hacerme más fuerte que el dolor, y despertar en la gloria del amor, donde todo se subsanó, y descubrí que la humanidad me amaba.

Es bueno ser poliglota, el poliglota vale por varios aunque para ser libre, el pensador no amerita subordinarse a la condición del opresor quien frecuentemente suele despreciar la paz, y ama condecorar a los creadores de violencia, quienes a su vez, no se esfuerzan en evitarla, simplemente obran injustamente e ipso facto la generan.

EL AMOR

He querido captar el llanto de aquel pueblo disperso que se expresa en silencio, sin denunciar sus lágrimas.

He buscado la cura del mal en aquel que morando en el cielo, nos inspira el amor.

Y aprendí que el amor no es una simple pasión que asalta al corazón

El amor no es una simple fusión carnal que provoca un desorden hormonal.

Es ese sacrificio solidario que reivindica la razón del corazón frente al dolor que causa la traición que induce al desamor, a la violencia y a la incomprensión, a esa pauta ciega de la destrucción.

El amor es edificar, regenerar, dar sin esperar. El amor es, sacrificio de fe.
Te amo, te amo, te amo porque he llegado a comprender que el amor no es tan solo ese reflejo del corazón.

Te amo, te amo, te amo, porque sé que eres más que un simple atardecer. Eres el despertar la luz que brilla en el nuevo amanecer.

El creador te das la opción de volver a empezar por amor.

Te amo, te amo, te amo, porque el amor, no solo fue una crucifixión, sino la entrega de tu ser, para dar a tu pueblo un nuevo amanecer.

El amor no es una desenfrenada pasión es la luz de tu compresión en la profundidad del corazón.

La ternura de tu ser, me induce a muy buen querer.

El amor encierra tolerancia y dolor, mas su meta es reivindicación. La verdad nos induce a la justicia y la justicia, nos trae satisfacción.

Aquellos que han sentido un amor platónico a quienes el platonismo ha tocado en su sentir, ese amor platónico de algunos hacia mí, a veces tienden a declararlo con insultos y mientras más me aman, es mayor su desprecio, que al ser expresado con la boca, el corazón le llora de tormento.

Los que me han deseado la muerte, han querido tenerme, más no así retenerme, y su intolerancia le genera extravagancia, y su cruel malestar la induce a despreciar su auto-condición.

Tú era el sol de la mañana y era la causa de mi mirada, tu respirar me sonrojaba, y descubrí que tú me amabas.

Eras tú la voz, y la esperanza, era el sol tu risa y mis añoranzas, y fue el amanecer la luz que agonizaba, y allí se obnubilaba, mi mirada, yo era el silencio, sin decir nada, tú, muro en el tiempo, y el amor callado nunca declarado.

La luz, seguía brillando y el sol, apareciendo, nadie podía frenar la dialéctica tal, que cada vez, era existencial, inclaudicable como la eternidad, no había marcha atrás, lo que fue no es, sólo eslabón salvado, después de ser rebaño, se volvió solitario.
Lo que era humano se tornó un engaño, una percepción, notas del amor.

Aquellos que se creen más allá de los demás, es porque han experimentados el complejo de ser nada, son violentos y quieren llamar a la atención escandalizándose.

Cuando son tomados en cuenta le rinden honor a la imagen porque no entienden que no somos este cuerpo, y que los espíritus nos conocemos todos, aunque nunca nuestros abrigos, jamás se hayan vistos de frente.

No siempre es prudente rechazar la amistad de aquellos que os la piden porque unos días después de vuestro entierro, vuestra imagen se corromperá y en el hueso quedará, y el espíritu sabrá quién es el ser.

Despertemos, que la ignorancia es madre de todos los males.
Desde aquel tránsito hacia la eternidad, podrás notar los astros brillar, y las noches estrelladas clamaran, que tu volviste a ellas sin avisar.

Las nubes danzaran al ritmo de las lluvias, la alegría brotará desde el pozo de tu alma, y el ser estará en calma.

Es la felicidad el camino de paz, y es la nota real de la libertad.

Tu amor jamás me podrá faltar, pues se conjugan en la alegría que encierra el alma mía.

Tu esfinge se vislumbra tras el torbellino gris y tu sonrisa jamás me hará sufrir. El amor que oferto fue diseñado así, tan solo para alguien en la esencia de ti. No puede ser feliz quien se olvida de mí, solía expresarte Dios a través de mi voz.

Cuando tú no guerreaste la luz, volvió y brilló y todo el universo de alegría se gozó.

Es la felicidad la clave para andar, y solo yo en la esencia de ti, te puedo hacer feliz. Se manifiesta Dios a través de mi voz, y tú te torna cielo infinito, siendo brisa que sopla y el amor que me convoca.

El sol se calentaba y hacia frio, la climatología me sorprendía, nacía la primavera cada día, reverdecían los arboles con melodía.

Tú eras la luz y yo era la causa, y tú la justicia y yo la esperanza, éramos existencias, motivo de ciencia, tú eras reflexión, y yo era el amor.

Evita la ley del embudo, cuando lo estrecho es para ti y lo ancho es para los rudos. Sean cocodrilo o rectilíneo, yo soy el peor rastrillo de mis enemigos.

Por nada te desesperes, a veces caminas lento y cuando menos lo esperas Dios te bendice en el tiempo.

¿Cuantas tempestades la montaña debe superar, desde que surgió del corazón del mar?

¿Cuantas experiencias se deben vivir, antes que la tierra vuelva a resurgir?

Seguramente encontrarás a la verdad y la mentira responderá, la luz no te alumbrará, y la verdad le dirá, de nada te servirá confundir la realidad, la luz será más brillante de frente a la oscuridad, así tal vez entenderás, que ambos somos de allá, uno que se fue y el otro que está.

Hay cosas que sin ser reales, se asumen como realidades, la tierra siempre fue redondeada y fue considerada aplanada.

SECCIÒN < XVII >

CLAMOR

Condúceme señor y tenme en cuenta, de todo mi accionar tú seas la ciencia, y que en la conciencia y en la salud, tú seas la redefinición de mi expresión.

No te fíes de aquellos que se hacen los indiferentes para llamar tu atención, tampoco de los que al mencionar a Dios, cambian el tono de voz. Amarás por siempre lo que hacía, la tierna alegría de la vida mía, noble regocijo que me da cariño.

Gloriosa ostentosa, radiante y brillante ternura que emula con sonrisa pura, sincera serena como primavera, que por vez primera, impregnó mi estela.

Y cuando la miro veo sonrisa eterna.

Es tan bella y amas, que me mueve el alma.

Y me declaré: Mirarte a ti es condecoración para mi vista y regocijo para mi corazón, si está preparada en darme tu amor, dame la señal de la comprensión. Trémulo tu cuerpo, sibia tu mirada, al centro del mundo en una alborada, la noche ya estaba y era madrugada, más yo pernocté y al abrir los ojos yo te contemplé.

Vi que tu mirada estaba extasiada, algo ensimismada, los rayos del sol, me dieron valor, y tras su misterio, me diste tu amor.

Todo fue alegría, todo fue un honor, y a través del tiempo eres mi ilusión.

Amoroso, tierno y glorioso, yacimiento que puebla en silencio, sin que nadie pueda sentir, el tormento.

Aunque irradia el corazón de honor, despertar es una lección, de elocuente melodía, que deleita cada día, auténtica belleza que genera la alegría, que nos induce a descansar en su tierna melodía.

Con tu gracia y gentileza me demuestra tu nobleza, y eres tan bella marquesa, el creador se esmeró cuando tu molde creo, mostrando en tu corazón el esplendor de su amor, tantas belleza expresó que hasta el amor definió, y todo el que te contempla bendice toda su ciencia y como Dios del amor, nunca nadie cuestionó que tan solo en una pieza hiciera tanta belleza, apartando en la distancia el molde en que te formó, todos reclaman a Dios, que solo hiciera tu copia como auténtica beldad, cargada de tantas gracia y de esmerada bondad, que todo el que te mirara con tu mirada hechizara, para que experimentaran ternura y felicidad, que ninguna alma nacida, la pudiera cuestionar.

RENOVACIÒN

Soplan los vientos del tiempo, todos se sienten desierto. La juventud se les escapa, todos piensan que es ingrata.

En cambio yo, me estoy curando, los cartílagos se están renovando. Me estoy curando, las células todas nuevas, se reconstruyen en mí. Para que tenga energía de respuesta a cada día.

La eternidad se ha posado, el tiempo no me ha afectado. Y, mientras otros envejecen, mi cuerpo se ha renovado. Y, cuando digo mi edad, todos lo quieren negar.

Ellos ignoran que soy tronco de la eterna facultad. Y para mostrar al mundo la auténtica libertad.

Encarné para encarnar, y a la muerte controlar. Sin temor a malestar.
Mis células se renuevan, todas me han salido nuevas. Y la juventud de ayer, me vuelve con un clavel.

Y al llegar me hace saber, que es mi sable de vencer. El poder de mi accionar al mundo haz de transformar. Donde los gatos malvados dejarán de maullar. Con la grata eternidad el mundo se asentará.

Y la vieja creación, mostrará su evolución.

Y una población de amor, al mundo viene a poblar. Para el alma deleitar.
La maldad no será más, y la guerra acabará. Y el alma de la paz, al planeta limpiará.

Y la comprensión global al Dios de la libertad. Amará con luz y bondad.

AMOR QUE DOBLEGA

Con Dios me acuesto, con Dios me levanto, la gloria me llevo el corazón me encanto, la gracia fluye, los obstáculos aparto, y en mi carrera Dios está cabalgando.

Están como un jardín de flores les dije a mis amores, eran mujeres blancas y esbeltas, que a veces intimidaban mi presencia, una de ellas, esa de pelo negro con alargados brazos rodeaba mi cuello mientras que la otra mostraba su destello.

Esa era una rusa de una sonrisa mustia, con una piel de rosa, de pétalos rosados.

Tan solo sonreía, y contemplaba el tierno abrazo de mi amada cubana, aquella actuaba con el tesón del sol, besaba mis mejillas, mostrándome su amor.

Yo la quería y oraba porque fuera mía, y propuesta le hacía que llegara a quedarse a donde yo vivía.

Abrazada a mi cuello aquella me decía, lo estoy pensando, y también me sonreía.

Mi espíritu exigía que explorara el planeta como una misión mía, por eso cada día de puerto en puerto, buscaba mi armonía, y eran tan bellas todas aquellas mujeres que mis ojos veían, que todas me inspiraban escribir poesías.

JERUSALÈM

Jerusalém, Jerusalém, eres gracia del gran poder, por eso eres nombrada así, con ese nombre de mujer.

Todos los que a ti te anhelan allí concentran la espera.

Jerusalém, Jerusalém, eres la gloria del renacer, hasta el ateo te quiere ver, para su alma ennoblecer.

Todos quisieran comprender, la gran bondad de tu querer, el Dios de gloria quiere ver, la paz del mundo florecer.

Tú eres el asiento del querer y del amor del renacer.

Siempre quisimos andar allí para emprender en el querer, del sol de tu ambientación.

Jerusalém, tu sol es de redención, que aunque suprime las razas, al negro le imprime amor, y al blanco moderación.

Jerusalém, Jerusalém, veo el brillo de tu ser, y siempre que allí despierto, me encanta tu amanecer.

Ya viene el Dios redentor, el que ha sembrado el amor.

Va a erradicar la violencia y cambiará por bondad, todo rastro de maldad.

Que viva la juventud, que encierra la gratitud del amor que otorgas tú, Dios de grandeza y de luz.

Jerusalém, Jerusalém, eres linterna del poder, a donde Dios hará nacer la gratitud que da la luz.

LA PIBA Y LA DIVA

Yo tengo preferencia por las mujeres intensas, mientras más educadas mejor es su presencia, me gustan así, con su consecuencia.

Porto un bienestar, que no puedo evitar, las rubias naturales me inducen a cantar y mi canto de honor, alejan el dolor.

El sufrimiento es algo que no siempre tú puedes controlar, pero a tu corazón tú debes vigilar, para saber a quién, te le puedes entregar, aunque el Karma no se pueda evitar.

Caché bombita solían decirles a las muchachitas, que andaban muy apretaditas con las miradas ladeadas, y con caritas bonitas.

Y la rusa y la cubana ambas eran mis añoranzas, pero una gringa me dijo que tenía pasión conmigo, llegó una dominicana dándosela de adecuada, y me sentía acorralado como un corcel de rebaño.

No hay manera que te exprese, en contra de mi bondad, soy la corona viviente que atrae la felicidad.

Si alguna vez tú presientes que se aproxima la paz, es porque ando en el terreno que genera la verdad.

Mejor haz pacto con Dios, y verifica el amor, esa es la mejor receta, que otorga la sanación.

Si te sientes consternada, y carece de morada, mi corazón es verdad, y puede darte la paz, ven caminas junto a mí, y jamás habrá de sufrir.

Soy el galardón del cielo, que aunque tú no lo presientas, has de ocurrir en tu esencia.

Mis dos amadas… Que tiernas eran mis amadas, ya les expliqué con detalles, una venia de la Rusia, y la otra era cubana, que dilema entre dos amadas, qué deleite en mi morada, a una le llamaban Piba, y la otra era la diva, las dos eran mis amadas, la piba era la cubana, y la diva era la Rusa.

La Rusa con su belleza, alejaba la tristeza, me dejaba boquiabierto. La piba con su esplendor me curaba el corazón.

Como quiera que las vieras ambas eran dos estrellas, pero qué delicadeza, ambas eran dos bellezas, medicinas para el alma que generaban la calma.

Ellas eran dos ejemplares de excelsitud y gran luz, que enfocaban su grandeza. Cualquier hombre vanidoso, querría mostrarse con ellas.

Con tretas y delicadeza solía decirles a la amada, la que se llamaba Piba:" Si tú no tienes marido, ven y haz me tu querido, y la diva me miraba, deseando ser mi amada.

¡Ay, que grata sensación p
rotegía a mi corazón para que nunca enfermara!.

Yo añoraba sus ternuras, las dos eran bellas y puras. Esas chicas eran mi vida, me subían la adrenalina.

Pero yo siempre insistía que "algo grande iba a pasar, que todos habrían de escuchar, el planeta va a cambiar, y el mundo se moverá".
Diva y Piba eran mi vida, eran graciosas y queridas, con ellas seguía de frente, sin jugar a las escondidas.

Y yo decía "aun así, si nos asaltara el tiempo de la vejez, soleándonos en el parque andaremos los tres".

Alejados del ruido de la ciudad, estaremos absorbidos por la paz.

¿CÒMO SERÀ LA VIDA?

¿Cómo será la vida, Cuando el planeta se oscurezca?

Que tú no puedas andar sin temor a tropezar, ¿Cómo será la vida sin sonrisas y alegrías, en donde tú nunca puedas entonar tu melodía.

¿Cómo será la vida cuando ya esté restringida, cuando ya todo esté oscuro, y el camino sea más duro.

Cuando la navidad ya no pueda celebrarse por terror y deshonor, y por carencia de amor.

Cuando la paz, no atraiga tranquilidad, y la envidia y el dolor, se implante en el corazón.

¡Respondan todos!... ¿Cómo será la vida? Cuando la libertad no exista más, porque fue afirmada y confundida con el libertinaje.

Y el planeta movió su engranaje, y la anarquía fue la melodía.

En una humanidad que carecía de todo, en medio de una hambruna, sin fortuna.

Donde ya no importaba la morada, ni el éxito, ni la gloria, ni el galardón del vencedor.

Donde el amor se volvió desamor, y el matrimonio fue jaula de dolor. Cuando se perseguía al hombre por tornarse en peligro en medio de su nido. Ya no había garantía, y uno y otro tornaban se en porfía.
¿Cómo será la vida cuando pierda el amor su significación?

Si en el afán de la sobrevivencia en medio de la tormenta, fuera preciso ensayar la locura, lo haremos sin tormento de manera que el dedo acusador, no nos cause dolor.

Siendo el que yo soy, me hago inmune a la traición, nadie fuera del padre generador de la creación, tiene potestad sobre mí.

Porque soy el que yo soy, nunca fui animal, y entre los animales encarnados, tengo la facultad de crear y despertar, a los dormidos y levantarlos al accionar de la libertad.

Nadie fuera del que es tiene el poder del renacer, mas yo traigo la facultad, de la auto-renovación, porque yo soy el amor.

Todo aquel que contra mi conspirare, está creando su propia sepultura.

La ignorancia induce a la soberbia, la libertad nos inducirá a volar en la levitación del corazón.

Hoy recibo la gracia y el honor, y el poder del redentor, para surcar el espacio sideral.

Gracias, gracias, plenamente gracias, padre y señor, amén.

PLENA ILUSIÒN

No sé tus generales, ni el dolor o la alegría que guardas adentro cada día.

Pero si por alguna razón quieres ser mi corazón, dejarías que latas en mí, para no hacerte sufrir.

Siempre tu habrás de saber que Dios, es la paz de la dignidad, es la esperanza de la gran verdad, es la bondad de la libertad.

Andaría experimentando los motivos y las razones que atrae la felicidad, para en el aire volar.

Cuando persigo la comprensión busco la gloria de tu razón para sentirte algo más de cerca y respirar en tu respiración.

Contigo soy como un ninito, que busca en tu regazo el calorcito, refugiado en tus brazos no hay dolor, y vivo en la ilusión del corazón.

Nunca he sentido muy grata ilusión, pero tu gracia me das esperanzas que me revelan tus añoranzas.

Se que me amas, y en lontananzas quiero atrapar tus remembranzas.

Cuando me abrazas siento que el mundo gira en tu honor a mi alrededor, y el corazón siente callado, la pulsación de tu comprensión.

No se tu gloria ni tu dolor, pero te llevo en mi corazón, lato contigo en cada expresión, y si te miro creo mi destino.

Es que te vuelves mi tentación, te quiero mucho, eres mi ilusión, traigo la fuerza de mi corazón.

No tengas prisa para nada, mi amor no tengas prisa, que toda expresión de la ilusión, se manifiesta en el corazón.

El sol, hay mucho que decir del astro rey, acaricia la piel con su ternura, dejando la impresión de sanación.

Todos suelen creer que su ternura otorga paz, y que el camino de su amor, es una via de elevación.

Sé que la realidad se siente más para la comprensión de la ilusión, si la quimera fuera una locura, me aferraría a tu amor con ilusión.

Y el mundo en la quimera de su honor, viviendo en la ilusión de su auto – comprensión, rescataría al planeta del dolor.

Y nuestro amor en su plena ilusión seria el aliciente de toda sanación.

AMOR
DE PASIÒN

De madrugada me desperté y me alegré.

Vi tu perfil y mi pensamiento se sorprendió pensando e ti. Desde entonces voy por ahí, pensando en ti.

Todas las chicas que veo venir portan tu rostro.

Yo lo contemplo y soy feliz, Si, yo soy feliz pensando en ti.

Tu melodía me haces sentir que eres la gloria y el porvenir. Veo tu mirada muy concentrada y soy feliz.

Sí, yo soy feliz, pensando en ti.

Tu melodía me haces sentir, que eres la gloria y el porvenir. Veo tu mirada muy concentrada, y soy feliz.

Sí, yo soy feliz, y pienso en ti, sí, yo pienso en ti.

Rumbo al trabajo voy transitando, y tu alegría me va alegrando. La gracia plena de tu sentir, me hace vivir en tu porvenir.

Eres alegría a la vida mía y voy sonriendo cuando te veo. Eres suspiro que siempre admiro.

Eres mi gloria, no mi castigo, si vas montada, está conmigo. Eres razón de mi corazón, la que motiva mi comprensión. Aunque presienta que eres mi ciencia.

Definiré toda tu conciencia. Eres mi amor de excelsa Ilusión.

LA PRADERA DEL QUIJOTE

En medio de sus trotes vociferaba a Sancho Panza don quijote, la realeza de su amada Dulcinea del Toboso.

No se confundan, que aquella sólo fue la esfinge de su gozo.

Iba con su caballo rocinante por donde lo llevara, sin tener que variar el tema de su amada.

Era como un guerrero con su escudero, que con gigantes confundía, los molinos de vientos, y los veía soplando desde adviento.

Eran valientes que sin un rumbo fijo recorrían la pradera en primavera.

Siempre se dirigían, a donde rocinante los movía, y Sancho que lo entendía, sobre su asno rucio lo seguía, masticando raíces de apazote, y sobre la pradera se escindían, el caballero andante y su escudero, quien, por darle consuelo, le seguía el juego.

Hablando en su locuela del matiz del verde de la primavera.

Entre los encinares vio sus sombras gloriosas, con digno raciocinio de su juicio perdido.

Confundía en su quimera, el otoño con la primavera y como adversarios gigantes percibía a los molinos de vientos.

En su tormento se batía con las aspas de aquellos, recurriendo a su lanza.

Vociferaba a Sancho Panza acerca de dulcinea, exponiendo su rostro demacrado al oído del aliado que se movía a su lado:

--- Sancho, no hay dudas que son más los villanos que los hombres sanos. --- Decía-

-- Si pudiera mi lanza destruir malvados, reafirmaría traerte a mi lado, porque eres tan ingenuo, que a veces pienso que tu cuerpo gordo lo estoy exponiendo de frente a los lobos.

Miserables virtudes, demuestran ellos con sus actitudes de espíritus marchitos de hombres malditos.

Mercaderes endebles, de trágicas muertes, de gloria de antaño, fueron compañeros que no asimilaron.

Cadáveres andantes de sonrisa mustias con sancho desecho.

Danza quijotesca que todo lo acepta, árida llanura que muestra la luna. Don quijote hablaba y Sancho escuchaba, y la dulcinea, lejos lo aguardaba.
Las cuatro figuras de hombres y monturas, en la lontananza, perdían la amargura.

El camino largo, lánguido el quijote, perdido en el tiempo de gloria esquelética, fueron cabalgando en sequia de herrumbre.

Las cuatro figuras iban desgajadas, guardando cordura de mente aferradas a los tiempos inciertos en que cabalgaban, buscando aventuras que se imaginaban.

EL
VIEJO MON

El viejo Mon, siendo supervisor, él se agitaba a favor del patrón.

Ponía nervioso al personal de planta, y muy pocos de ellos le tenían añoranzas.

Mon pensaba en voz alta, sin contemplación:

"Manejar en Nueva york, era como una ciencia", todo por el dolor que producía la imprudencia.

El viejo Mon pensó, que el personal era chofer de avión, y exigía mucha prisa para la producción.

Un conductor en un intento de rencor, a gran velocidad dirigió hacia Mon su camión.

Más a pesar de tan ingrato malestar, de al viejo Mon querer atropellar, nada le resultó como aquel lo planeó, y el viejo Mon de chepa se salvó.

No obstante, un paro cardiaco el susto generó.

y desde ese entonces el viejo Mon sin ilusión vivió. Pero la luz del cielo lo llevó de la soberbia hacia el amor.

De la bondad de Dios él predicó, y a todos los que fueron sus enemigos, en su rebaño él lo convirtió.

Hasta el pastor del sitio lo admiró, y la iglesia de Dios se conmovió.

NATURALEZA

Deleitado en tu belleza ahora me encuentras, no hay motivo de tristeza y me embelesa, en el porte de tu cuerpo y de tu aroma, hoy saludo tu grandeza naturaleza.

El universo es el nido que te cobijas, la arboleda es esplendor de tu morada, no hay espacio en la distancia que no cubras tu mirada, pues el mundo se deleita al contemplarte.

Naturaleza, gentil es tu mirada y tu belleza, el medio ambiente te reconstruye del accidente ozonal, y el esplendor de la floreta es una belleza, no hay predador que te des el frente sin que sucumbiese, eres la altura y la nobleza del nuevo existir.

Naturaleza que belleza cuando te contemplo, cuando desde África a la amazona te regeneramos, el nuevo orden te hace honor en tu redención, y no hay manera que te seque ni la destrucción, Dios frena al hombre de su ambición y su descontrol.

Ahora al hombre la vida exige algo más mejor, que se respete y respeten a su alrededor, que no hagan daño al planeta que es un deshonor, que reconstruyan la maleza que hicieron carbón.

Naturaleza, naturaleza, eres tan grande con tu belleza, ahora la vida a ti se inclina, porque que eres buena porque eres bella, y ahora cosecha tu grata siembra, naturaleza, naturaleza.

Tras del vergel de la esperanza se regenera la causa, que rompe las ataduras, y conduce a la cordura.

La mujer de pocas delicadezas, mientras más bonitilla, es menos reflexiva, suelen usar más el cuerpo que la cabeza.

Los secretos del universo no pueden percibirse con ojos mundanos, muchas veces somos traicionados por nuestros propios sentidos y vemos cosas que están lejos de ser, y solemos confundir los números nuestros con los del prójimo, y tales confusiones nos conducen a las injusticias, creando falsos testimonios.

Como la inspiración de los versos secretos, es la musa que libera del tormento. Esperar en Dios es dulcemente inquietante, pero vale la espera porque la gracia de su gloria resulta más satisfactoria,

La brisa de los vientos me muestra un gran recuento del amor que dejaste y que aun llevo dentro.

Después del sentimiento de aquel ángel sediento te tornaste una espina que me puncha y me intriga.

Eres revolución, cambio en el tiempo, la ráfaga que arrasa ese tormento. Eres mi poesía de cada día, voy declamando en versos macilentos.

Eres como la luz, presente en todo y como la tormenta que me revienta, mi soledad es tu ausencia, porque sin tu presencia se aletarga mi piel y la ausencia del ser, me haces vivir sin ti, y se ha vuelto un tormento que me ausenta la luz, siempre que no esté tú, y es tan grande el tormento que me induce a vivir en un desierto.

Me hace falta el concierto de tus besos, para alegrar mi alma en tu regreso, siento la poesía que vibra adentro y guardo para ti mi gran concierto.

La lluvia y la distancia yo no pude ubicarla pero mi pensamiento sintió la calma. Y si acaso me olvidaste sin querer darme razones, quiero que tengas presente que entre mi jardín de flores, fuiste tú quien me plantaste la semilla que prendió, esa que generó el fruto de la flor que me irradió.

Quiero entender la razón que sembró en mi corazón la gloria de tu ilusión. Quiero compartir tu amor tan dulce como la miel, que me incrementa el placer. Quiero sentir que en la tierra estoy ensayando el cielo, quiero sentir la esperanza que has sembrado mi consuelo.

Hoy siento que yo te quiero, y esa fiesta la celebro, eres la luz de mi vida y la armonía de mi cielo.

Eres anhelo de la paz que me trae felicidad.

Eres la estela en la tierra, y eres lucero certero que la gloria de los cielos manifiesta en el sendero.

Mujer hecha para mí, y la fibra de tu amor, me haces sentir muy feliz.

Has despertado mi amor, me pones en el firmamento, y es tanto lo que disfruto, el consuelo de tus besos.

Aunque te niegues a creer yo a ti te voy a entender, porque ahora estoy seguro que tú serás mi mujer.

Prenda de oro clavelito, hermoso primor bendito, prenda de oro clavelito, hermoso primor bendito, mi corazón ya está abierto y aguardas tu cariñito.

Si tú me besas en la boca, voy a seguirme agradando, y sentiré desde mi alma, que el amor me va brotando.

UN
MUNDO MEJOR

La razón de un mundo mejor es la esperanza de la reivindicación social, donde los derechos humanos sean inalienables, donde la libertad no sea confundida con el libertinaje en el marco de un mundo limitado donde la globalización debe ser un vehículo de intercambio equilibrado para sanear la pobreza, proteger el medio ambiente y hacer del planeta un mundo ciertamente mejor, donde se pueda afirmar que ha surgido una nueva cultura de paz donde la violencia ha dejado de ser una herramienta de obstrucción para el ejercicio de la justicia del ser, donde no haya manipulación por los sectores interesados en la creación del caos para justificar la anarquía organizada.

Aquellos que se han mantenido en silencio piensan que cuando llegue sus días de hablar, muchos temblaran.

Satisfacer el alma es encontrarse consigo mismo.

En estos tiempos de bestialidades, algunas organizaciones integradas por maliciosos, se dedican a manipular a los ignorantes para anarquizar a los gobernantes.

La ignorancia induce a la maldad y a la violencia, induzcamos nuestras almas a la conciencia, para que al despertar no experimentemos dolencias.

Existir más allá de la morada del ser, es manifestar la concepción celestial, en el planeta material, donde la tierra muestra su pedestal, y cada acción se manifiesta en el umbral.

Muy pocos hombres tienen el valor de hablar de lo que les afecta, y tal condición es miedo, no es falta de conciencia.

El tiempo reduce la fuerza y las montañas se derriten en el mar, no hay más lugar donde mirar, que no sea la bondad natural.

Señor tuya es la luz, tuya es la bondad y tuya es la paz, tuyo el esplendor del glorioso sol, tuyo es el honor y tuyo el amor.

Son muchos Zombis varados en el camino, que tienen miedo a su destino. Aquellos que carecen de concepto del deber, al burlarse no se inmutan ni antes sus procreadores.

Bendecidos somos por nuestro señor, Dios del universo nuestro creador. Educas a los hijos desde el ombligo, como hombres despiertos y no oprimidos. Los malvados suelen jugar con la mente del hombre, para determinar si tienen poder sobre el para oprimirlo.

Si crees que puedes crecer, nada te lo impedirás, el señor te otorgas amor, con la gracia del honor!

El periodista amarillista, mercenario y prostituto, calla cuando debe hablar, y se deja sobornar.

Dignidad contra dinero, los rufianes no verán el reino de los cielos.

Percibiendo las huellas del silencio, te vislumbré un instante, y en la silueta de tu esfinge, me abrazó la ternura de tu devoción, y el calor de tu gesto, tocó mi corazón.

Las ratas y las serpientes, son roedores carentes de honores, infectan el cuerpo sin gratas intensiones.

Amor inquebrantable que ennoblece con esa melodía que indica el día, yaciendo en la medida de la vida, a quien ama ella no lo olvida.

Atrocidad existencial que toca el alma, y acciona hacia el sendero de la calma.
Romántica y graciosa compañera que muestra su ternura en primavera.
Amiga que deleita en el silencio, de la ternura que encierra por dentro.

Amor inquebrantable que sonríe y ennoblece, yacimiento que mora abrigada en su cuerpo.

Melodía que nos inspira en cada amanecer. Alba de claridad naciente en el sendero.

Romántica y graciosa compañera que libera.

Auténtica guerrera que ama en primavera

Gracias señor por tu seguridad, en tu camino está la luz, y está la paz.

Aleluya gloria al padre, gloria por la redención, que en los cielos y en la tierra, Jehová es el pastor.

Quienes traemos la sabiduría de Dios, no esperamos la afirmación del hombre. La comprensión eleva el espíritu, y dosifica el alma.

Se exacerban regocijados los espíritus que nos hacen ser cuando al mirarlo manifiesto mi querer, deleitado en tu ternura de mujer bella es tu sonrisa y tu mirada tierna luna de alborada que esta prendida en la esencia de mi ser.

Érase una vez que un terreno adornado de la brillantez de la luna, se escuchó el clamor de un labrador, que admirado pronuncio en alta voz:

Luz de luna, que grato es iluminarme con tus rayos, y jadeando la vio, y al mirarla a los ojos se exasperó:

Cuan bella eres luna amada, antes ti es mejor la tranquilidad que inspiras tu soledad, que la hostilidad de la ingrata compañía.

Es por eso que brilla como un queso, para que en tu presencia podamos gritar: Más allá de su cuna, el satélite alumbra y la tierra se alegra a la luz de la luna. No hay mejor ganancia que el conocimiento, ni peor pobreza que la ignorancia, definida madre de todos los males, porque la ignorancia no es tan solo falta de conocimiento, si no, carencia de conciencia, lo que te induce a reensayar lo que causa malestar.

El libre albedrio es el cronometro de las almas.

Los sistemas depravados condicionan a la humanidad para que los hombres se vuelvan mendigos o sean esclavos.

El sol brilla en vuestro corazón y tu piel refleja tu esplendor.

DOLOR
DE AUSENCIA

Estábamos en un barco de naufragio, de donde debíamos saltar para salvarnos, fueron hostiles mis palabras para ella, y quedé sólo en el desierto.

Azotado por la arena y quemado por el sol sin bronceador, me iluminó la estela de su amor.

Fue como me salve en la ilusión por obra y gracia del gran redentor.

Al constructor del mundo y al hacedor del corazón, yo le pedí clemencia por su amor, y renovó los lazos del dolor, entonces fue cuando entendí lo que era sufrir.

Tu ausencia fue, el gran malestar, y a través de aquel malestar, entendí lo que era amar.

Entendí que tú has sido amor.

Apareció tu amor, más intenso que nunca, y aunque ha pasado el tiempo te sigo amando en el silencio, y pido al creador que tu regreses a mí.

Regresa a mí por favor, mi amor, y reconstruyamos un mundo profundo que sea la guarida ejemplar del amor.

Ten clemencia de tu sentencia, ven tráeme tu amor. Sólo con tú presencia mi corazón recibe el galardón.

Sólo con tú presencia mi corazón alcanzará la calma, que sanará el alma.

Mi corazón volverá a ser feliz, sólo por ti, sólo por ti mi corazón volverá a latir. Entiéndelo mi vida, mi flor tan querida, eres mi amor, el mejor calmante para mi dolor.

Regresa a mí, y con tu presencia por siempre yo seré feliz.

Regresa a mí, que estoy reservado solo para ti, y con tu presencia y tu mundo de amor sanará por siempre nuestro corazón.

Yo he evolucionado en la creación, en cambio ustedes han negado al padre para justificarse en dogmas.

Son muchos los falsos profetas que acogiéndose a la ley del cristianismo de borrón y cuenta nueva, llegan a la iglesia a ejercer las maldades del mundo sin inmutarse, ni arrepentirse de sus pecados encubiertos, y regularmente esos son los espíritus burlones, que no habiendo logrado gran progreso en su estado natural, han llegado en busca de progreso pero lo que hacen en su libre albedrio y por su ignorancia, es burlarse de aquellos que en el nombre de cristo, han jurado obediencia a Dios.

A los hombres inteligentes les gusta que sus mujeres, por lo menos hagan creer que son como ellos, aunque no lo sean.

La verdadera prueba de la historia que asumen los violentos es su violencia, pero el auténtico triunfo de la paz, está en la inteligencia.

La vida lo aportará, y al final nada importará, Dios y señor que en la complejidad de tu misericordia se refleje el amor, que brote por mis poros y por mi corazón.

Si tú me das tu cariño yo te entregaré mi ombligo, si me declara tu amor, yo te tomo con pasión.

El vicioso suele justificarse inculpando a los de más.

El pecado es la base de la ignorancia, porque a las experiencias le llaman pecado.

Algunas personas confunden el sexo con el amor, pero muchas se congratulan cuando el ser amado las desnudas.

Muchos se sienten tristes y solos, tan confundidos como loros, que repitiendo, hablan de falsos tesoros.

Suelen ocultar su wiski en la botella de cola, quieren confundir a la sociedad, pero finalmente ellos resultan ser los atrapados.

Cristo le ofrece la libertad, y la gente indecisa se pone a llorar.

Con la sonrisa de tu mirada me enternezco, y con los besos de tu silencio me estremezco.

Dime mujer ajena, si tu marido te has dicho que eres bella, dime si en tu nostalgia recuerda las estrellas.

Una belleza de tu categoría, vive irradiando gracia en el alma mía, si tú me quieres te voy a edificar un pedestal que te inducirá a amar.

Son muchos los langostinos, jorobando en el camino, y piensan que en pocos tiempos se les cumple su destino.

Dos nenas de la tercera edad escoltadas por sus perros lanudos veían por las ventanas el desfile de carros, y uno que otro camión en el Cross Bronx.

Ojos bonitos brillantes y serenos, tenían los perros de pelos de terciopelos y las dos nenas de la tercera edad, sentían felicidad, al acariciar el lomo de sus perros lanudos que las escoltaban! qué alegría! Sentían las nenas de la tercera edad al palpar el lomo de sus perros, esto les infundía seguridad a las nenas de la tercera edad.

Y dijo el padre: Soy bendecido de que mis hijos me traten como amigo, más que como padre e hijos, el de 33 me dijo que sólo me ha visto una vez … Aquella en que yo morí por todos, para reivindicar al género humano.

Dicen que si hubo fuego cenizas quedan, y se siente el frescor de primavera, más no siempre sucede como se espera, cuando sopla la brisa con otros aires remueve la pasión del corazón y siembra otra ilusión sin compasión.

No hay justicia garantizada en una sociedad donde los que reprenden juzgan como jueces y verdugos.

Cuando los oprimidos clamen a Dios, los opresores temblarán.

Gracias padre por la misericordiosa bondad de tu paz, que envalentonó mi espíritu y esperanzó mi corazón.

Nunca olvidé cuando te vi por primera vez, me dije qué bella es, y clamé, te amo bebé, te amo bebé, por favor ven a mí, por favor ven a mí,

SI ALGUNA VEZ

Si alguna vez pensaste en alguien, no hay dudas de que era yo, tu alma del despertar, el que te enseñaba a amar.

Tus pensamientos estaban en mí, tu corazón latía por mí, yo fui el motivo que te hice existir, conmigo conjugaste el verbo amar.

Los muchachos en el barrio, nunca dudaron de mi amor por ti.

Por eso cuando no me conocía tu sabias que alguna vez, alguien llegaría. y que yo sería el amor, por el que siempre esperaste, y que luego te llegó.

Ese amor eras yo, y aunque lo recibiste en confusión, conmigo a tu lado siempre fuiste feliz, porque tu amor creció y me hice tu motivo de existir, el amor que habría de amar se hizo tu motivo universal. ¿Quieres mirar sin que te vean?...Si tú no andas haciendo nada malo, por qué llevas los cristales ahumados?

Esa sonrisa bonita que tiene la muchachita, me motiva el corazón y me despierta el amor, y siempre cuando la miro pienso que es mi destino, porque su tierna sonrisa me va alegrando el camino.

Rufianes impenitentes, anda diciendo la gente, creadores de infecciones sin medir los pormenores, gerentes de latrocinios, hipócritas sin cariño, rompedores de inocencia, amantes de la imprudencia, accionistas de malicias que confunden el saber con lo que no debe ser.

La evolución de los judas ha marcado el deshonor, de los que aceptan dinero a cambio de una traición.

Evitas las ratas que salen de las cloacas a ocultarse entre la sombra, para roer tu camino con radical intención, de fraccionar tu destino.

Andas despacio en tu libre albedrio, pues a la hora del regreso, para salir de este plano, sólo la muerte te estarás esperando.

Hola, diva querida, dime que debo hacer para obtener tú querer. Dime si debo aplicar en tu corazón, para así alcanzar tu amor.

Por eso y un poco más yo te quisiera mirar, porque pierdo la razón cuando yo pienso en tu amor.

Siempre te quiero mirar para ver si eso es verdad, que tu presencia trae paz, porque te ha vuelto mi amor en mi tierno corazón.

Bienaventurado aquel que te puede contemplar, extasiado en entender tu dulzura al caminar.

Con la fuerza del espíritu se te puedes comprender, porque tú eres la gracia y la gloria del saber.
Si reclamo dignidad por tu grata humanidad, es por tu tierna dulzura que solo genera paz.

Yo no tomo fuera de agua, ningún trago que sea fuerte, ni tequila ni agua ardiente, solamente agua de coco y juguito esplendoroso, pero vale la instrucción para el refrigerador.

Ellos aún ignoran lo que pasará, que tú eres herramienta de la libertad. Que está en mi propósito como galardón, que eres mi trofeo de la redención.

También ellos ignoran lo que aquel día, acontecerá, porque lo que viene sellará y marcará a esta generación, para que las generaciones venideras, no olviden que Jehová es un Dios vivo que protege a sus escogidos desde el vientre de su madre y por toda la eternidad.

Ay Jehová, Dios de esperanzas y libertad. Ay, Jehová creador divino, Dios de bondad.

Créate los cielos y la tierra, e hiciste la ciencia y la conciencia.

Creador de gloria, creador de amor, rompe los barrotes de cualquier prisión.
Ay Jehová, mi libertador, el libera vida y otorga la paz.
Él mandó a Jesús a morir por todos y marcó el camino que está definido.

GRACIAS A DIOS

Gracias padre, que tu voluntad seas que mi cuerpo no padezca, de hambre ni sed, ni dolor, ni catástrofe, ni herida, ni molestias de ninguna clase, y así lo está manifestando.

Perdona a todos aquellos que te olvidan o que te ignoran porque no saben lo que hacen.

Yo soy la ley del perdón, y tú eres la redención y la llama transmutadora de todos sus errores.

Y yo soy está en todos y en cada uno pronuncio yo soy en el nombre de Dios, y te habla el cristo que late en cada pecho humano, animal, elemental y almas vivientes.

Tu eres el perfecto, inteligente, bondadoso hijo de Dios.

Tú amas a Dios y al prójimo y deseas manifestar tu divinidad.

Yo bendigo esta divinidad en ti, y me dirijo así a toda la humanidad.

Ángeles de la llama azul, en este momento, yo soy la voluntad de pensar sentir, y actuar en perfección en todo momento, y en todas circunstancias:

---- Yo olvido mis errores del pasado y sigo adelante a mayores triunfos.

----Yo llevo una expresión agradable en todo momento, y sonrío en todo lo que contacto.

--- Yo no tengo tiempo para criticar a los de más ya que paso tanto tiempo mejorándome.

Yo me hago tan fuerte, que nada puede perturbar la paz de mi mente.

---- Yo soy demasiado grande para preocuparme, demasiado noble para enfurecerme, demasiado fuerte para temer, demasiado feliz para permitir la presencia de algo negativo.

Yo no le temo a Hercobolus, porque yo le mando amor.
En mis primeros tiempos existenciales, cuando no sabía quién era, no tenía rostro ni nombre.

Me fraccioné y me expandí en muchos, y en ese entonces nos llamaban los dioses. Entonces cuando empecé a motear a mi padre y le dije viejo, me respondió: "Miras muchacho, no seas pendejo, viejo eres tú y el aparejo"

Y más adelante mi padre por justificarse al presentarme a sus amigos le decía: "Este es el más viejo de mis hijos--- Y yo le replicaba, papá, el más viejo es usted, yo fui el primero de sus hijos en nacer.

De los asignados por Dios, fui el primero que él creó, ahí radica la incredibilidad de lo real.

Cuando las sociedades están integradas por viciosos, sus generaciones envejecen más temprano.

Es evidente que la supervivencia no consiste en destruir, y la destrucción se genera siempre que los gobernantes aprueben acciones de terrorismo de estado como seria bombardear por controlar, no por defenderse.

Además es sumamente grave para una sociedad el que se le permita a su juventud, experimentar y difundir el consumo de alucinógeno ya que tal condición disminuye su capacidad creativa, y los induce a zombificarse y aunque puedan ejercer un mayor control sobre ellos, no es conveniente para el futuro evolutivo.

No obstante, es una radical violación cuando estos mismos sectores, exceden las acciones de control de natalidad, ya que automáticamente atentan contra la dinámica de expansión.

Una intención de solidaridad en buena voluntad no puede meritarse como bien intencionada si al concluirse se suprime con soberbia y maldad.

Dar sin ostentación, para recibir sin bajeza.

JUSTICIA Y LEY

Un conflicto de confusión generó la atención entre ley y justicia, y creyéndose una más equilibrada que la otra, en asidua competencia se peleaban el espacio, hasta entender que habían llegados a los extremos.

Buscaron la manera de pactar para reivindicar la causa del bienestar social.

La ley pretendió imponerse más la justicia se alzó y al pueblo coronó.

Desde entonces se habló de que la ley con la justicia se enojó más sin la causa de aquella la ley no perduró, y buscando ser abrogada para satisfacer los propósitos de la justicia, la ley extendió su vida y evitó ser derogada.

Desde ese entonces decidieron unirse en matrimonio y deambulando por el mundo, van por la vida explorando una respuesta a la felicidad.

LA SABIDURIA

Hay que ser cauteloso con la sabiduría.

Sabio no es, quien crees que lo es, sabio es quien sabe que lo es.

Porque así, como muchos suelen confundir magnesia con gimnasia, muchos tienden a confundir la sabiduría.

No es lo mismo ser sabio que malicioso.

El sabio actúa con claridad y pureza, y sin segunda intensión.

El malicioso procede con triquiñuela y maldad buscando confundir y engañar.

INSOBRIA MALDAD

La sospecha del silencio me fue tornando sabueso. Descubrí que conspiraban para lamerme los huesos.
¡Cuántos descaro asqueroso, de pordioseros sin credos.

Se cubren tras la fachada de un puritanismo incierto, y en el tiempo de accionar, son gatos que hay que atrapar, porque en el nombre de Dios, andan dispuestos a robar.

En un régimen de fuerza, son almas que sin conciencia, se inclinan a fusilar.

Su destino se ve turbio, seguro perecerán, y no hay dinero en el mundo, que a ellos los pueda salvar.

Se juntaron abogados y otros que fueron soldados,

Prostitutas y lambiscones, justificando la gloria, de la victoria y su honra.

En realidad, quienes fueron esclavos, desarrollaron la mentalidad esclavista, por eso se desempeñan como capataces de sus amos.

El parecía tan serio, que cualquiera que lo viera, fácilmente lo compraba, pero sobre todo él tenía la ventaja que nunca se robaba lo que él creía que era de él.

No es lo mismo un servidor que un servilita, un servidor acciona a favor de servir al prójimo.

Un servilita acciona para dañar y someter, obedeciendo a la disposición de un trabajo sucio contra su prójimo, a fin de satisfacer un mandato inconsciente.

Algunos líderes de escritorios, maquinan y conspiran, más yo no hago detrás de la pared, lo que el público no deba saber.

NADA
ES CASUAL

Yo no me guio por la casualidad, todo obedece a la causalidad, si algo se apaga y no prende más, no estaba en mi camino de eternidad.

La vi montar el avión, y al mirarla volar, su vuelo me dio emoción.

Es la razón de expresar la gracia del corazón, hoy soy tu verso y tu canción, y me instauro en tu sueño con amor.

Te recuerdo en cada amanecer, después de cada sueño.

No es que sea invulnerable, pero soy una torre inderogable.

POR TI
ME TORNO ASÌ

No he querido ofender tus pretensiones, ni aquel sentir profundo de tus ilusiones, pero si me amas nunca sufras por mí, si es que soy el sentir que te haces vivir.

Si en el jardín hay rosas que me inspiran, de todo el huerto predilecto, eres el clavel naciente a quien tengo presente para siempre.

A quien le entrego la adorable nota del concierto que se inspira en mi copla, en el huerto que a la vida invoca.

Por ti me torno así, como un velero entre un riachuelo.

Le agregué una oración al verso que te envié, para que nunca jamás pienses que me desvié.

Por ti me torno así, como la invocación del corazón que truena como lluvia en tu pasión.

Y así trillé el camino que envuelve a tu destino, y con sólo pensarte me arrodillo, pues te creía una virgen que antes mi presencia te me tornaste un ángel,

Después de aquella noche, no hay reproche, te percibo y cuando pienso en ti, me maravillo, por ti me torno así.

Como un manantial que respira en sus aguas, me fluyen las palabras, para no atragantarme ni perderme en el bosque de tus aguas.

Por ti me torno así, y mirando tu cuerpo me ennoblezco, para que esos embudos que en tu pecho posee sacien mi sed.

No tengo dudas de aquella escaramuza, pues sé que eres la musa de mis versos, mirándote volar en la ilusión del viento, volviéndote en la noche mi concierto.

Por ti me torno así, y hoy me toca la escuela de tu esquela, y en cada reflexión del corazón, eres el amor que trae la salvación.

Pensé que el tiempo volvería a ser, y no dudé de tu querer.

Érase una vez, en que la esperanza volverías a ser, erase una vez, en que todo aquello volvía a nacer.

Y estando yo inquebrantablemente pensando en Dios, ahí escuché tú voz.

Comprendí que la dadiva más tierna fuiste tú y en ese instante se definió mi luz.

Entonces comprendí que el amor que reservaba mi corazón, ya había sido asignado a tu pasión.

Ahora eres el despertar de mis amaneceres, y el sol poniente de mis atardeceres. Hoy mi inquietud se ha vuelto tú, que eres paz y reflejo de luz.
Ya renació el esplendor del sol, y en cada amanecer se expande mi querer, y tu bondad me atrae felicidad.

Eres enviada de Dios para mí ser, y tu presencia me otorga placer. Eres la melodía que danza el alma mía.
Eres mi sol y mi plena compresión.

SER
O VOLVER

Sólo al ser perseverante te haces pauta del garante, que la asignación que traigo es la luz de la virtud, lo que a mí me corresponde nadie me lo va a quitar porque Dios me lo entregó..

En la plataforma de la evolución, eres tierna musa de mi devoción.

Quisiera elucubrar las fibras de tu amor, en la profundidad del corazón, rozando la ilusión de un beso tentador, volviendo a renacer siendo ser de tu ser.

Buenos días, que bueno es visualizar un grato despertar, tras ese ventanal.

Tal brillantez, como se puede ver, es como una conjugación de amor, que llega al corazón, con todo su color.

Grato y hermosos es el creador que induce su paz, en nuestro corazón. Tal brillantez, así es, maravillosa expresión en la luz del corazón.
Es la esencia de un porvenir por llegar, es la esperanza de lo que hemos de buscar, y la certeza de lo que hemos de encontrar, el amor es bienestar, yo dormí y pensé
en ti, soné contigo, y vi que tus ojos eran como dos faroles, y tú el resumen de mis amores.

Y te hiciste un pedacito de mi mezclado con el color de tu amor.

Incorpore la paciencia y reservé la ternura, dividí los espacio del amor, y lo mezcle con todo lo anterior, lo hornee dentro del corazón.

Le agregue la paciencia al corazón y lo llame comprensión.

E hice que la dulzura y el amor se llamaran comprensión, y que la comprensión llenara mi corazón, y conserve de por vida todas estas maravillas.

Yo me encomiendo al señor para que me dé su amor, que me otorgue la esperanza de la reivindicación.

No todos están cualificados para entrar al reino de mi cielo "porque muchos son los llamados, y pocos los elegidos".

Está bonita y de comer, eres la diosa del placer, cuando te miro siento amor, y me palpitas el corazón.

Cuando una mujer motiva, gratas virtudes te avivan, son bondades de la causa que te engrandecen la vida.

Le habían sacado de su cuenta bancaria, un dinero que no había consumido, aunque no se enojó externó, "soy partidario de que los ladrones sean fusilados.

Los iguales se persiguen y en la teoría del deshonor, sólo un lambón extraña a otro lambón.

De noche todos los gatos son pardos, y no cubren los resguardos, la oscuridad miedo infunde, se va agrietado el planeta y la radiación penetra.

Una turista hispana que desconocía el inglés, había llegado al aeropuerto Kennedy, mientras se desplazaba a chequearse veía que gran parte de las puertas tenían indicadores que decían: " EXIT"

Lo que la indujo a comentarle a una compañera de viaje su gran regocijo por lo que le dijo:

---- Estoy sorprendida prima, nunca había yo visto un país tan dinámico y de tan grato corazón.

---- Y por qué dice eso, si tú apenas está llegando.

---- Oh, pero es que tú no te has fijado que en todas las puertas te están deseando: "Éxito"

---- Ay, Adelaida, dejas de ser tonta, ese letrero que tú ves que dice "EXIT" , no es deseándote éxito, simplemente te están indicando la salida en inglés.

---- Oh, guao, ahora veo prima que es cierto lo que dice el Desiderio, de que "el que no sabe, es como el que no ve"

Me siento tan querido que no olvido el origen de mi ombligo, en fin, yo soy tan divertido que me rio de mí mismo.

Enemigo es el ego arbitrario de nuestro libre albedrio, porque las grandes decisiones forjan a los triunfadores.

Hoy quiero elucubrar la ciencia de tu ser, para fortalecerme en tu conciencia y hacer pleno disfrute de tus experiencias.

LA RUBIA

Una noche estaba yo paseando por nueva york, y una gringa rubia hermosa una sonrisa me dio.

Yo me quedé sonrojado cuando vi que me miró. Y cuando yo quise hablarle ella en seco me paró:
Jene parle francés mecie, Je ne parle francés.

Cuando oí que hablaba así, enseguida me endiosé, a los ojos la miré y jocoso le afirmé:

Yo puedo hablar español por eso te doy mi amor.

En algo se me insinuó, y el corazón me latió, ella notó mi emoción y me abrazó con presión, yo descubrí su intensión y besé su corazón.

Rosa tierna y maravillosa, musa radiante y melodiosa.

Déjame elucubrarte que eres rosa, la ternura radiante tan hermosa. Déjame definir el jardín de mi amor, a donde explore yo tu corazón.
¡Que tierna maravilla es el olor de tu flor!

La tierna ilusión del amor, rosa maravillosa que define la expresión, Deléitame con los pétalos de tu porción.

Reactiva la esperanza de mi amor, y déjame existir en tu ilusión.

Si eres como una estrella brillaré en tu expresión, y clamaré voceando el brillo de tu luz, sin que pueda olvidar como respiras tú.

La ternura de tu sonrisa que esclaviza, me da la libertad para triunfar, naciendo cada día, el esplendor y la alegría, por la respiración de tu gran melodía.

No trastorne tu vida en desesperación, porque cerca de ti, ronda el amor.

Cuando se vive en el estado del no me importa, suelen tolerarse muchas cosas, pero cuando el orgullo corrompe la conciencia, la dignidad lacera la existencia.

PRESENCIA

La eternidad no claudica, nadie puede intimidarme con la muerte, cuando sé, que lo eterno nunca muere.

La táctica de la paciencia, consiste en no desesperarse, lo que tiene que ser será, solo hay que saber esperar.

No es que sea el mecanismo de la vida, si la esperanza se hace tierna despedida, de un mundo donde un foco suele confundirse con la luz.

Andando en Dios me siento más seguro, que andar deambulando por el mundo sin cordura y sin futuro.

Es tan amargo el dulce que da el mundo, como nociva es la creencia del que el sexo es amor.

Cuando ese falso amor a veces te contagia llevándote al seol.

Por eso y más no se habrá de dudar que Dios, sea el mejor y el único camino de la redención.

Clamo a Jesús el hijo que envió el padre para la salvación, requiero su presencia, que conduzca mi vuelo transitando el camino que me hará retornar hacia la redención.

Te vislumbré en silencio, yo estaba pletórico en la causa esplendorosa de la reflexión, y sentí que a cada instante me aproximaba a ti, porque cuando te vislumbré en silencio, la ternura de tu risa, arrebató tu amor, y ahora lo llevo adentro, y todo aconteció cuando, te vislumbré en silencio,

No acostumbro a decir más de lo necesario, sin embargo, esa fuerza mayor me induce a describir lo acontecido, que sin que nadie viera yo había visto y estos ojos, que tienen al mundo por testigo en una ocasión algo extraño ocurrió que mi cuerpo mi espíritu y mi alma, habían sido trasladado a la ciudad de los Ángeles y arribando uno de aquellos esplendorosos edificios, por no decir el más alto de los que poblaban el centro, supervisado en estricta vigilancia aérea de un helicóptero que sobrevolaba el área, me ataviaron un vestuario púrpura con ribetes negros, bajo estratégico conteo de los vigías, me habían investido en una acelerada ceremonia, y me había envuelto en una condición indefinida, a tal grado que parecía juez y sacerdote.

Si el hombre teme más a los libros que al hierro, no hay mejor arma de combate para golpear la ignorancia que los libros.

Eres una chica bella, y te pareces una estrella, si sigues viéndome así, me sentiré muy feliz.

Lo importante es estar en movimiento, todo aquel que emprende un camino, tarde o temprano encuentra su destino.

Hay personas que no están en tu destino pero en el libre albedrio se cruzan a tu camino, para que los demás crean que andan contigo.

Antes de abundar en esta disertación, quiero advertirles a los fanáticos y a los religiosos, que lo que están leyendo de parte de Dios, pero a través de mí, a muchos lo conducirá a auto-cuestionarse.

Esto debido a que no todos esta preparados, para las acciones revolucionarias que aportan los cambios.

Los cambios de mentalidades, los de planos etc.

Posiblemente de la misma manera que no aceptaron en sus inicios las ideas que Jesús trajo de parte de Dios.

Dios siempre ha querido libertar al género humano, pero hay esclavos que están tan acostumbrados al amo, que para ellos la libertad es un tormento.

Rendirse antes el espíritu es igual que recobrar la esencia del ser, es como la espléndida anatomía del paisaje que deleita con bondades.

Es como elucubrar en silencio, reflexionando en torno a la esperanza.

Lo cierto es que no hay que ser masoquista, para entender que el dolor inmuniza. En efecto, no somos éste cuerpo pero en él se aloja lo que somos.

El hombre se auto-engaña, para no inmolar el ego.

Como habíamos dicho antes, reiteramos ahora, la eternidad no claudica, lo que parece muerte es reposo, así pues, que no te inundes el temor de la interrupción.

El oscuro túnel de la opaca existencia subconsciente, que suele ser manejado por las emociones, y no por la razón, deja la sensación de la patada que produce la caída inconsciente generando la condición de un limbo onírico, en el espacio flotante forjando la semilla que induce al crecimiento o a la destrucción.

Es profunda la fuerza del ser, si indagara lo podría saber, en la profundidad del corazón está la explicación de la ilusión, y el alma archiva tú pasión.

Se generó la paz, la paz es la utopía de ceder, dando algo de lo que quisieran conservar.

Nunca en mi larga vida había experimentado nada igual, a lo que yo sentí cuando te conocí.

Vi que un cordón visible como una nube blanca, se extendió de mi alma a tu corazón, y experimenté la paz.

Eso fue suficiente para entender que eres mi asignación divina. Gracias señor, gracias señor, por darle fortaleza al corazón.

Gracias señor, Gracias señor, por hacerme un pilar de tu edificación. Gracias señor, gracias señor, por levantar mi honor con tu redención. Gracias señor, gracias señor por ser padre de amor y reivindicación. No hay silencio que no se grite, ni cadenas que no se rompan.

Es tiempo de atención al mandato del señor, quien no oiga confundirá el sonido. Los secretos se revelan en los tiempos de esperanzas.

Cuando habla la experiencia, la juventud se silencia.

Y aun por amor, damos valor calor y bendición a una comunidad de honor.

El tiempo teje el testimonio de los hombres, y nos confirma que somos aire, no algas marina, que somos un soplo y no una barandilla, que somos esencia, que somos flor, que somos amor.

Jamás nuestro vuelo quedará en el intento.

DEFINICIÒN

Hastiado de ser golpeado dijo el perseguido a los verdugos.

__ ¿Por qué me temen si soy inofensivo y perseguido, y ustedes arbitrarios y agresivos.

¿Acaso es malo, quien se niega a ser abusado?

El poder es para comprender y ayudar, no para abusar y esclavizar.

No pretendan tener bajo la suela de sus zapatos, a quien no nació para estarlo. Si yo soy el que yo soy, por qué quieren forzarme a ser injusto como ustedes?

Si me golpean es porque esperan que yo los golpee, para que me convierta en inconsciente como ustedes.

Nadie puede alterar mi paz, mi mansedumbre es natural, los violentos se enojan cuando buscando crear violencia, no reciben la misma respuesta que ellos otorgan, al intentar justificar sus soberbias.

Los hipócritas son asediados de la inquietud, porque ellos fingen ser luz, aun viviendo en plena oscuridad.

TERNURA Y BELLEZA

Es tierna tu belleza y me embelesa, la gracia de tu voz me haces pensar, que eres ternura y gracia que he de amar.

Tus ojos dos luceros que enderezan, la gracia de tu tierno despertar. Mirarte con el ansia de quererte y sin tocarte, el alma deleitar.

Tus ojos muestran la profundidad del mar, tu pelo es como cintas de ágape que juegan a sondear, la amplitud del espacio sideral.
Tu sonrisa, es perfume que adoba las aguas del mar. Allí, donde los marineros tienden a naufragar,
Tú eres como el motor que hace al barco arrancar.
La luz de tu mirada ilumina mi alma.

Y la naturaleza de tu esencia de flor, me conduce al amor.

Te he amado en silencio con grato platonismo, y la geografía poblada por tu cuerpo, produce música, que llevo muy adentro.

Y cuando miro al cielo, te vuelves mi consuelo, y eres esperanza y paz, de mis desvelos.

En un afán desmedido de satisfacer su ego, las manos ocultas de la nefastilidad solía imponer sobre los hombros de las minorías, los supuestos errores o vivencias ensayadas como un mecanismo de control y manipulación, buscando estatizar la vida de los perseguidos.

Antes tales pormenores son patéticos pero es grato señalar que cualquier parentesco con la realidad, es pura coincidencia.

Regularmente la naturaleza es el origen de todo lo conocido, usar la fuerza del atacante para golpear tu pasado te define, no debería pesarte si el sol es redondo y la luna también.

Por lo mismo todo aquel involucrado en servir, está llamado a ganarse el respecto de sus adeptos.

Tras la lápida tierna de aquella remembranza, escribió con su pluma una nueva esperanza, aquella que partía de su vida, mostraría la conciencia para ser el ejemplo de todo el que sufría.

El poeta lloró en plena despedida, y en la lápida blanca escribió sobre aquella partida, y con tinta de sangre plasmo los versos de la oda:

Rosa, flor emergente del amor naciente, de ingrata partida que golpeó la vida. Seguimos luchando para hacer del hoy el nuevo presente, y hacer del mañana la luz de la gente, con el sol naciente, del cambio de frente, que muestre la causa del amor de siempre,

Que viva la luz, que viva el amor, que viva la causa que entrega el señor.

Si, el señor, aquel que cultivó el amor, quien doblegó la furia en su dolor, aquel que la rosa siguió cuando resucitó.

El mismo que inspiró la rosa de la redención Viva el mundo para Dios, ohhh, ohhh.

Viva el amor, que es la revolución, de cada primavera es la transformación.

Viva la dignidad, nazca la libertad, que frene el accionar de los seres que quieren la vida controlar.

La marca de la bestia, jamás se nos impondrá, pues con su sable está el ángel de bondad.

El ángel de la libertad, rompe toda opresión que le indica el señor aquellos hostigadores temblaran, su opresión e impiedad se les impedirás. La marca de la bestia es una tarjeta que los opresores, usan como saeta, con una contraseña hoy te quieren rastrear, y el terrible veneno te quiere inyectar, respira profundo, y un soplo de vida, te vuelve a reiniciar.

Caminando por la senda del honor, voy directo donde se encuentra el señor, hoy porto la corona del amor, me la entregó el señor.

Decía Balzac: "la burocracia es un gigante manejado por enanos" y ahora más que nunca se manifiesta la expresión como una acertación del corazón.
En el camino resurge tu cariño, yo soy feliz siempre que está conmigo, porque tu esencia activa mi destino y tu alegría se hace mi melodía.

Libertad, libertad, solían las masas tronar, en medio de una anarquía que al mundo le hacía flaquear y el planeta respondía, buscando salvar la vida, ambiéntame la arboleda en forma de primavera.

Yo te describo en el tiempo y te amo en el silencio, es real el platonismo incierto, pero hoy no aguardo más, sin decirte la verdad,
eres mi grata cordura mi fortaleza y mi paz, y tu amor es gloria grata que me da felicidad.

Entonces me respondió gracias a Dios, gracias a Dios, que nada falta, que todo está, que aporta siempre, felicidad.

Entonces comprendí que cuando una mujer afirma que ella es difícil, quiere decir que no está disponible para nadie, pero cuando reafirma que ella no es fácil, es una forma de justificar su condición de fantasma.

No siempre se alcanza todo lo que se quiere, pero definitivamente todos logramos lo que por elección traemos asignados.

Se llegará el día donde la ignorancia se ilumine, y la comprensión no, nos deje nadar en el error, para que el amargo pasado se sepulte.

Quien no teme a la muerte, vive por la vida.

El existir se coordina, lo que tiene que ser es, no es ni antes ni después.
Todo está definido en el camino y hay tiempo para llorar, para reír, para cantar, Dios es más grande que el mundo.

La naturaleza y Dios son una misma persona.

La nobleza de tu alma la denuncia tu sonrisa, obviamente, la aventura de vivir, es la recreación del ser, no hay cabo suelto, la pauta existencial siempre obedecerá a un propósito y a un nuevo despertar en cada amanecer.

Por eso la experiencia es el jarabe que cura la ineptitud.

Desde el fondo de mi alma yo buscaré la calma, el motivo del profundo deleite plasmando tu mirar en mi sonrisa, esa que hace que tus labios tiernos celebren el concierto del consuelo, donde tu corazón dispuesto se refleje.
Con tu matita de berro tú me tienes alborotado y el péndulo se enfurece como si fuera un taladro.

Toda la salud, la juventud y la sabiduría, yo la tengo al día, toda la abundancia de oro y fragancia, como rey que soy con todo y amor, siempre la he guardado en mi corazón.

Los dominicanos ya no quieren más, con esa amistad con la haitianidad, ya no comen "tajo" y están enojados

Las curvas de las mujeres te llevan a confusion, y en los días que están sombreados, te muestran la salvación.

Nos han provocados hasta el último nivel, al borde de que claudique la esperanza, cuando llegue el tiempo de la rebelión, que sus abusos no tengan justificación.

Los miserables y traidores, actúan como los ladrones, ocultan éxitos a sus representados con hermetismo, intentando confundirlos.

No hay razón para ser abusador, según es el pájaro es el nido, y aunque el hombre se identifique con su condición, ser justo es el galardón.

Hay que darle gracias a Dios, como buen inteligente, a Dios le gusta la gente que lo tiene bien presente.

Hay que ser fuerte y resistente y no dejarse conducir hacia el abismo por la gente. Yo señor, escultor del placer y del amor, pido que tú me otorgue tu perdón, y me impulse al honor de redentor, has me llevar tu pueblo a la liberación.

De veces en cuando me desplazo en silencio, por las calles vacias y tras de tu mirada, llueve la lluvia mia, y el corazón me late, besando tu alegría.

Dicen que es mejor ser honrado que abogado, porque algunos abogados viven del dolor humano.

El escritor es un intérprete universal, es una fuente inagotable de expresión, que induce al despertar de la conciencia social.

Muchachita buena moza, desataste la cadera, que te voy a dar un beso, que te mandaras a la escuela, clavelito tierna flor, amárrate el cinturón, que te voy a dar un beso, que va a generarte amor.

El sol esta radiante brilla su paladar, la luz que trae sus rayos, nos tiende a deleitar, alegra al corazón, sonriéndole al amor.

La palabra es un petardo de la brisa que te enojas, o te sacas la sonrisa, si aplicas la ternura te sonríen con gran cordura, si recurre a la soberbia puedes generar la guerra.

Y me entregó una mirada de ráfaga encantada, y yo le dije:

---- No te confundas, no digas nada, guardas silencio, que tu fortuna la tienes adentro, tú corazón es el esplendor que das a tu vida la solución.

Toda la salud la juventud y la sabiduría yo la tengo al día, toda la abundancia de oro y fragancia como rey que soy con todo y amor, siempre la he guardado en mi corazón.

La persona bi- polar anda por ambos lugar, y a veces quiere mostrar lo que no logró alcanzar.

El internet ha agilizado el camino de toda producción, pero también ha sembrado el germen de la zombificación.

Hay quienes pierden los sesos por lograr dos o tres pesos, mejor es el fundamento del amor, que el tormento del dolor.

Me otorgó una mirada de ráfaga encantada, y besé sus pestañas sin tocarla.

El inepto es como el asno que llama orejón al conejo e intentan decirle cómo moverse en su madriguera.

La particularidad de la verdad, es que no siempre es del agrado de todos, y aun así, nadie puede destruirla.

Los villanos buscan justificar sus fechorías, manipulando a los débiles, y a los que se dejan.

Craso error el del humano, glorifica a sus héroes después de muerto.,

Quiero pregonar al cielo la virtud de tu bondad, eres la reina esperada, que me das felicidad, eres la gloria y la paz que armoniza mi verdad.

Si las fronteras no fueran un problema, surcaría los mares de muchos lugares, el sol naciente es un aliciente que ofrece la paz a la humanidad.

Y todas las sendas que voy recorriendo me va conduciendo a la libertad, por eso yo trato de pisar ligero para abrirme surco en cualquier sendero.
Libertad, libertad, libertad, es duro admitirlo pero mi camino, me conduce allá.
La luz siempre tendrá la virtud, los defectos de la noche, son descubiertos en el día.

No se la gracia de tu condición, ni se el honor de tu corazón, cuando te miro siento vibración y se apasiona mi corazón.

Dime que sí, y te haré feliz.

Eres la antorcha que me haces sentir, un fuego interno que quema por dentro. Es que tu esplendor, es mi redención.

Los abanderados de la fe, tenemos tranquilidad. Siempre debemos pensar que Dios nos proveerá.

Dios proveerá, Dios proveerá, lo que nos haga falta, él nos lo dará.

PLATONÌSMO EN
LA DISTANCIA

Ella se tornó mi musa, y me inspiró el corazón, y en platónico silencio le expresé con grato amor: "Yo tiemblo con tu presencia, déjame hacerte mi ciencia" exasperado en mi espíritu me vi obligado a agregarle: Me encanta la expresión del corazón , porque eres luz, causa e ilusión, jamás dudé intentar pretenderte y amarte, pues tu eres la ilusión del gran amor, me gusta la certeza de tu voz, besarte
en la distancia sin tocarte, me gusta pretenderte para amarte, y esperanzarme en ti para vivir.

Ternura inmaculada que perdura, en las ansias de tu mirada, para plantar las rosas, que te declaren mi noble amada.
Hoy tiemblo cuando veo tu piel helada, y ángel de otro planeta eres considerada. Quiero volver a mí cuando en ti pienso, pues tu distante amor, es un dolor, y el platónísmo de una tierna emoción, hace de ti mi musa de inspiración.

Nunca jamás me olvides, porque en mi vives, y esperaba en silencio, esta declaración de amor, como una nota de la redención.

Pero si Dios me priva de tu emoción, que las cenizas de mi cuerpo muerto, lleguen volando hacia tu contexto formando la silueta del secreto, de que tu amor ha sido mío, todo el tiempo en secreto.

Que todos sepan, que mi inmortalidad, se consagró a tu alma, para amar.

EL CARNICERO

Dos mujeres van donde el carnicero a abastecerse de carne, la libra de carne es a doce cincuenta, y el carnicero le corta un pedazo que tiene dos dólares de más, las mujeres cogen la carne y le preguntan:

- ¿Cuánto es?
El carnicero le responde:

- 27 dólares.

Las mujeres entregándole 25 dólares le dicen:

- Ay, perdone amigo, no tenemos más cambio, no porque nos sobre entero, sino por falta de dinero.

Al carnicero le pareció gracioso y soltó una carcajada que hizo rodar sus dientes como colmillos inclementes.

Las mujeres se fueron y el carnicero echó un clamor:

- Qué mujeres éstas, me sacaron la rebaja con sus calmas e hicieron que por el suelo, rodara mi caja de dientes, y el desconsuelo de su anzuelo.

EL
DILEMA CONMIGO

Andando en el camino que me ha trazado Dios, voy forjando el destino que me otorga su luz.

Inspiro mi accionar tras la tierna inquietud que me ha trazado tú, porque eres el yo que ha definido en mí, la gracia del sentir, que me otorga el aliento del vivir.

Y para que asimile, los tan gratos conciertos, Dios me indicó en mi sueño que tú me llevas dentro.

Y yo volví a soñar, y soné con tus besos.

¡Que dilema ahora tengo, que aunque ando y no me estanco, en cada despertar te quisiera mirar, pues tu eres el perfil, que me haces vivir.

La vida en su envoltura existencial te permite admirar la luz o despreciar la oscuridad desde distintos renglones del razonamiento humano y vamos descubriendo que no todo lo que parece es, o mejor dicho, "no todo lo que brilla es como el oro".

A veces creemos que alguien se aproxima a otro con la intención de ayudarlo, pero resulta que detrás de esa aparente ayuda existe el plan macabro de que aquel que tú crees tu amigo, simplemente te hayas descubierto e intente usarte para su propósito, es ahí cuando se necesita estar despierto, pero muchas veces es necesario experimentar las experiencias a fin de despertar, por eso de que "el hábito no hace al monje".

Algunas sectas piensan que ellos son la razón del mundo y que por lo mismo deben usar personas ingenuas que respondan sin cuestionamientos a sus propósitos.

Por eso cuando las sociedades duermen los miembros del cuarto poder de alguna forma debemos contribuir al despertar, si el periodista está comprometido con la sociedad y no actúa en función del soborno de las dádivas del opresor, está llamado a ofrecer la verdad fehaciente de todo lo que acontezca a su alrededor, de manera que contribuya a educar y a despertar a la población.

De esa manera se va formando una opinión pública con fortaleza de conciencia y con criterio definido que de alguna manera influirá en las tomas de decisiones del gobierno de un país, ya sea en la democracia o en el despotismo, porque cuando el pueblo despierta la sociedad se ennoblece.

En la democracia esa opinión pública es el sostén de ese sistema de gobierno, pues aun estando integrada por fanáticos, moderados y conservadores, esa opinión pública se convierte en el cedazo del sistema, pues estará vigilante e influirá, para que los representantes de un gobierno sean castigados o premiados con el sufragio o votaciones.

En el despotismo la minoría despierta, será la que se convertirá en grupo de presión para evitar que la opresión arrase con la población, sometiéndola a duras penurias existenciales.

Mientras en la democracia se permiten las marchas de protestas pacíficamente, en el despotismo serán prohibidos todos tipos de manifestaciones, y por ende, perseguidos los despiertos que clamen por justicia.

Por lo mismo las sectas creerán en un propósito lógico o ilógico, y venderán la idea de que su propósito es el camino de la salvación, y muchas veces en aras de sus propósitos, acababan esclavizando y sacrificando a sus seguidores.

Regularmente, solían shacer creer que sus seguidores no debían abandonar la organización porque estaba en juego la difusión de sus actos secretos, y quien osaba desobedecerlo, era perseguido, y muchas veces si se descuidaba, hasta asesinado.

Por eso y por mucho más, era requerible reflexionar sobre qué había detrás de cada historia que pareciera tan bonita para ser cierta, cuando las sectas intentaban reclutar a sus adeptos.

No es raro que dos almas condicionadas en el destino, se encuentren en el camino, y aunque yo lo ignoraba, no dejaste de ser mi amor diferido.

Antes de encontrarte aquí, ya te había visto en mi sueño, eres lógica virtud de todo lo que es mi esencia, y ahora me complemento cuando toco tu presencia.

EL HOMBRE

El hombre ha querido cambiar el curso natural de la existencia, e ignorando el acuerdo asumido, los que escogieron ser gordos, ahora quieren hacerse liposucción para ser flacos, mientras otros que no tienen los niveles de conciencia para entender que no somos este cuerpo, suelen sucumbir en el intento. Porque el espíritu se les escapa de regreso al plano sublime para redefinirles las misiones porque en
el libre albedrio, perecieron en el trayecto.

Otros escogieron la pobreza como mérito, pero una vez encarnados, viven consternados, maldiciendo su condición ignorando por qué han sido pobres, entonces en el libre albedrio se someten a los más terribles
vejámenes, persiguiendo hacerse ricos.

El mundo anda realmente confundido, sin embargo no todo lo que parece ser es, porque sólo es, lo que está llamado a ser.

CLAMOR
DE DOLOR

Jesucristo y la biblia lo ponderan y los justos lo reafirman:

"No es lo que entra por la boca lo que hace daño, sino lo que sale de ella", y ante tal aseveración es necesario reiterar que la familia debe ser atendida porque está siendo dividida y está siendo dispersada, y a medida que esto acontece, los hijos se van dispersando como manadas en estampidas, y las malas costumbres están aumentando.

De la misma manera que la delincuencia ganó terreno cuando los excesos policiales condujo a que se le despojara a estos de su autoridad, para dar paso a que la delincuencia se apoderara de las calles, y estas fueran regenteadas por los delincuentes para imponer la violencia, así mismos los hijos sin familia, se han ido a las calles a hacerles los mandados a los delincuentes sin que los padres puedan evitarlo, y muchas veces tal descuido va más lejos porque muchas veces le dan carros de marcas y del año para atraparlos para que estos jóvenes se conviertan en los traficantes motorizados del siglo veintiuno, muchas veces transportándole drogas a los narcos, de donde le van descontando los pagareces de esos carros caros que muy pocos de sus padres pudieron comprar en su existencia.

En verdad, no hay razón para contribuir a las injusticias, pero es sabido que "el mal de todos es el consuelo del bobo".

Es malo ser mal agradecido, impredecible y bi-polar, pero en realidad aunque se quiera callar, para proteger a los hijos es necesario hablar.

No obstante, parece ser que cuando un padre trata de proteger a sus hijos, da la impresión de que el sistema lo interpreta como un atentado a su integridad, porque de la misma manera que los vampiros se alimentan de la sangre de sus víctimas, de esa misma manera, los representantes del sistema, tienden a nutrirse del dolor humano.

Cuando una familia se destruye por cualquier razón, quienes pagan son los hijos porque la separación los lleva a perder el calor de uno de sus padres que muchas veces sin muchas indagaciones el sistema tiende a patrocinar la separación, muchas veces sin la existencia del germen de la violencia doméstica, y en ocasiones cuando le asignan una visita supervisada el padre o la madre tienen que pagar para ver a sus hijos, aunque ese padre no signifique un peligro para ellos.

El sistema tratando de corregir hogares, tiende a destruir familia, y eso sí que es un peligro para la comunidad, e inclusive para la sociedad.

Por cada familia destruida crece un alto porcentaje de posibilidad de que los niños crezcan aberrados con más tendencia a delinquir, que si se levantaran en un hogar equilibrado, en cambio el sistema desde su óptica estructural piensa que su política persuasiva, podría contribuir a a lograr beneficios estratégicos porque mientras mayor es la delincuencia, más violencia se genera, y mayor es el número de víctimas a quien la policía tiene que arrestar, y mayor es el número de prisioneros que tendrán los carceleros que uniformar y alimentar, por lo que tendrán que pedir una mayor cuota presupuestaria a su estado para cubrir los gastos en que incurran por este concepto.

Como la familia es la célula micra de la sociedad, unida tiene mayor peso para exigir y reclamar derechos y reivindicaciones, que estando desintegrada, no exigiría..

Los representantes del sistema tratan de confundir la justicia con la injusticia, como confunden la magnesia con la gimnasia, y a pesar de los grandes avances tecnológicos, seguimos colonizados, antes era como esclavos portadores de la albarda que como burros cargábamos sobre el lomo, mientras éramos azotados por el látigo infernal del oprobioso castigo.

En cambio hoy seguimos en condiciones similares, con la diferencia de que ahora somos como robots zombificados frente a una pantalla que nos borra la libertad de pensar nada que no se refiera al juego psicológico de la violencia, donde cada acción nos conduzca al conformismo irreflexivo, sin que haya tiempo ni espacio para pensar.

En tal condición estaremos vulnerables y azotados por el microchip, que lo han adoptados con el propósito de usarlos como localizador para encontrarnos donde quiera que nos encontremos, esta es la nueva forma de control ofertada como marca del deshonor.

Se estaba gestando un cambio radical en el sistema que condujera a pensar en la aseveración bíblica donde el gobierno de la bestia se manifiesta y los hombres grises muestran sus colmillos.

Desde el momento que se planeó la fabricación del COVID-19 en el laboratorio, matando a miles más de lo que estaba programado al momento de perderse el control, Dios demostró una vez más su existencia de forma prodigiosa y enseñó

que por encima de todos los recursos económicos que el hombre quiera enarbolar para sus planes macabros, él ha estado y seguirá por encima de todo, y todos, Dios tiene el control.

Las grandes pérdidas económicas que generó la pandemia fue una lección a quienes intentando probar su control, se descontrolaron a tal grado que muchos de ellos murieron.

EL BANCO
DE LOS LIBERTINOS

Las masas dispersas que fueron las más afectadas argüían, que el banco de los libertinos, lavaba dinero a los narcotraficantes y hacia donaciones al terrorismo.

Sin embargo, por más que el gobierno indagó, no pudo encontrar rastros que ayudaran a comprobar lo que la población comentaba a
voces.

Las cuentas personales de Newman Pascal, el gerente del banco de los libertinos, habían sido intervenidas varias veces, y no habían cerrados el banco, por carecer de evidencias, ya que el capital estaba constituido por inversiones extranjeras y el consejo de dirección estaba internacionalizado.

Así el estado de los glorificados estaba desesperado, después de la pandemia, durante el período de dificultades había otorgados sus recursos a sectores de las minorías sin tomar en cuenta que los sectores de la burguesía habían provocados tales malestares y por lo mismo había que deducirles a ellos de sus cuentas millonarias una cuota que ayudaran a asistir a aquellos que menos o nada tenían y a quienes el estado se vio precisado en su muestra de política demagógica a entregarle los recursos alegre y desorganizadamente, lacerando su economía.

Algunos poderosos en complicidad con algunos funcionarios de dudosas costumbres, aprovechando el incremento de la delincuencia en la ciudad, habían planeados colectar parte de los recursos que el estado había donado a los necesitados, principalmente a los que tenían pequeños negocios que habían puesto dinero en sus cuentas de negocios.

Aquellos que habían acumulados entre 20 a cincuenta mil dólares en algunas cuentas, aun sin haber tomado beneficios de los que había otorgados el estado, no pudieron escapar a ser afectados.

La mayoría de ellos que nunca habían logrados acumular sumas de tal monto, para que se cumpliera la expresión apocalíptica de que "se llegaría el tiempo en que se les quitaría al que menos tuviera, para darle al que más tuviera", también habían sido golpeado por la hipocresía de algunos bancos .

Ya esos bancos, habían dejados de ser una garantía, porque cuando los delincuentes comunes no asaltaban a sus víctimas que guardaban dinero en sus residencias, era el banco que bajo el alegato de tarifa por mantenimientos, o por deuda saldada y olvidada, se iba apoderando de los pocos ahorros que lograban reunir las víctimas, las ciudades se habían tornados caóticas en todo lo sentidos, desde la incrementación de los precios de alimentos, compras combustibles, y para qué negarlo, de bienes raíces entiéndase compras de casas, hasta el pago de los alquileres.

El que no tenía recursos para sostenerse, había empezado a experimentar una odisea, muchos de los sobrevivientes se habían trasladados a las zonas rurales, porque en la zona urbana cada día se agravaba la condición humanitaria.

El banco de los gentiles en combinación con organizaciones sectarias, de muy malas costumbres, entiéndase deshonestos, habían planeados rastrear y saquear las cuentas de los minoritarios, no de los ricos, "Dios los libres".

En cambio el banco de los gentiles después de deducir sumas de 5,000 mil, a 4,113. 34 más una tarifa de servicios no reembolsable de 125.00, sin que las victimas estuvieran enteradas de la razón o del motivo, porque no se le enviaba un pre- aviso, informándole que retirarían de sus cuentas x montos por x razón, el banco alegaba para que nadie reclamara lo saqueado: "que ellos no podían responsabilizarse del dinero sustraído porque todo obedecía a una orden legal", entiéndase, una orden de la corte, sin embargo no presentaban pruebas que indicaran qué corte generó esa "orden legal, ni con qué propósito".

Para fingir su buena voluntad incurrían en recomendaciones como:

"Según el estado de las leyes, es posible que tengamos que retener depósitos futuros si la cantidad que ya hemos retenido no es suficiente para satisfacer la orden legal.

Notifique a los titulares de cuentas conjuntas, si corresponde.

Le recomendamos que hable con su abogado sobre sus opciones y obligaciones con esta orden.

Si una de la cuenta es C D o IRA, es posible que se le cobren multas por retiro anticipado.

Es posible que aún se le cobren tarifas de mantenimiento en sus cuentas". Pero cuando informaban estas paradójicas condiciones lo hacían porque la victima lo presionó para que se le informe.

Todo lo comentado le había acontecido a Chalino Gamboa doce años antes había perdido su trabajo y al tener una deuda con tarjeta de crédito, recurrió a un programa de consolidación de deuda, la intensión era hacerle un sólo pago a dos o tres tarjeta que adeudaba, pero él tenía entendido que el programa había resuelto la deuda, pero algo sucedió ahí debido a que el banco de los libertinos era uno de esos bancos con quien Chalino había tenido deuda, que se entiende que el programa había eliminado entonces combinado con uno de los empleados produjeron la orden legal después de doce años para recuperar los supuestos 4,143.34 la produjo el mismo banco en combinación con una corte de esas que cogen casos fabricados, legalizó la intensión, y sacaron el dinero pero no le habían dicho al dueño de la cuenta que habían sido ellos, y le hacían creer que el dinero ellos se lo habían entregado a otra institución reclamante porque se había generado una orden legal.

Lo cierto era que los creadores de caos estaban reviviendo deudas saldadas, como que se debían, para justificar el saqueo legal, ellos podían saquear a las minorías, pero las minorías no podían adeudarles un peso a ellos.

Chalino Gamboa le ofreció demandarlo si el banco de los libertinos no le reponía el dinero, entonces al enterarse que podían ser demandados le entregaron copias de los documentos que había producido la corte 12 años después, cuando se suponía que esa cuenta estaba borrada, lo habían hecho de manera mal intencionada y con un matiz engañoso como aquellos que se robaban lo de ellos y fingían que lo habían robado otros, a tal nivel de falta de ética y acción delincuencial había llegado el banco de los libertinos, para justificar el saqueo de la cuenta de Chalino Gamboa, quien desde que tuvo la primera oportunidad temiendo que le saquearan lo que le quedaba que ascendía a 27, 700, fue retirándolo poco a poco, porque era una cuenta de ahorro del negocio de la que se creía también que había sido algo ilegal apoderarse de un dinero que aparentemente no era personal, aunque el negocio se llamara Chalino.

De todos modos Chalino quedó sorprendido, pues dos meses después de, él haber sacado el dinero, y entrar solo el monto que usaría para el pago mensual de los gastos con tarjeta de crédito, resultó ser que comenzaron a devolverle el dinero aparentemente saqueado, el banco de los libertinos le había hecho llegar algunas cartas donde le notificaba que el gobierno había decidido exonerarle el dinero retenido por una supuesta orden legal.

En el estado de los glorificados, los gánsteres del sistema, estaban corrompiendo la justicia.

En cualquier circunstancia nadie ponía en dudas que "la sangre hacia parientes y el amor hacia familia"

Porque ya nadie se interesaba por nadie, todos buscaban la dádiva del beneficio, y quien se fiara podía ser vendido al mejor postor.

AUNQUE TE NIEGUES HA ADMITIRLO

A pesar del gran avance tecnológico seguimos colonizados, se han invertidos las formas pero la esencia es la misma.

Antes, como esclavos cargadores de la albarda que como burros portábamos sobre el hombro, y azotado por el látigo infernal del oprobioso castigo, hoy como robots zombificados frente a una
pantalla robotizante, que nos borras la voluntad de pensar, y nos alejas de la humanidad, que debe enarbolar el hombre para la solidaridad, la comprensión, la hermandad y la paz.

Azotado por el microchip del control para localizarnos donde nos encontremos. Esa es la nueva forma de control, es la marca del deshonor.

El señor reconstruye camino, el señor forja tu destino, y es clara su bondad, y armoniosa su paz.

El amor, motivo, fuente y emoción del corazón, fundamento y pasión que emana del espíritu, para la comprensión y la reflexión.

En realidad el mundo esta tan corrompido, que hay que hacer conciencia, de cómo interactuar entre la humanidad.

El camino trillado es bendición y luz, porque Dios me conduce donde te encuentras tú.

¿CÒMO SERÀ' LA VIDA?

¿Cómo será la vida cuando el planeta se obscurezca?. Que tú no puedas andar sin temor a tropezar.
¿Cómo será la vida sin sonrisas ni alegrías?
En donde tú, nunca puedas entonar tu melodía.
¿Cómo será la vida, cuando ya esté restringida? Cuando ya todo esté oscuro y el camino sea más duro. Cuando la navidad ya no pueda celebrarse.

Por terror y deshonor y por carencia de amor. Cuando la paz, no atraiga tranquilidad.

Y la envidia y el dolor, se implante en el corazón.
¡Respondan todos!....

¿Cómo será la vida, cuando la libertad no exista más?

¿Cómo será?
Porque fue afirmada y confundida con el libertinaje. Cuando el planeta mueva su engranaje.

Y la anarquía, sea la melodía.

En una humanidad careciendo de todo. En medio de una hambruna sin fortuna. Donde ya no importara la morada.

Ni el éxito, ni la gloria, ni el galardón del vencedor. Donde el amor se volvió desamor.

y el matrimonio fue jaula de dolor. Cuando fue perseguido el hombre.
Por volverse el peligro, en medio de su nido.

Ya no era garantía, uno y otro tornaban se en porfía.
¿Cómo será la vida, al perder el amor, su significación?
Si en el afán de la sobrevivencia, en medio de la tormenta. Fuera una precisión ensayar la locura, sin ninguna atadura. Lo haremos sin tormento, evadiendo al dedo acusador.

Que nos cause dolor.
Y siendo el que yo soy, inmune a la traición. Nadie fuera del padre generador

de la creación. Tiene la potestad, para hacerme temblar.
Y siendo el que yo soy, y sin ser animal, nadie me puede atar.

Camino por la senda del andar. Tejiéndole camino al despertar. Tratando de verificar cómo será la vida?

Cuando los familiares no tengan despedida. Cuando nadie comprenda, qué es la vida? Cuando se pierda la facultad de crear.

De despertar a los dormidos y conducirlo a libertar. Nadie fuera del que es, nos conduce a comprender.

¿Qué es la gloria y el poder, el porqué del renacer?. Mas yo traigo facultad, para generar la paz.

Y traigo la comprensión, porque yo soy el amor. Y quien conspire contra mí, su vida será infeliz. La ignorancia induce a la soberbia.

La libertad, nos da la facultad de mirar más allá. Nos permite volar, en la levitación del corazón. Hoy recibo el perdón, la gracia, el poder.

Y el honor del redentor, para surcar el espacio sideral. Así, será la vida, cuando parta la generación del dolor. Gracias, gracias, plenamente gracias, padre y señor.

Amen.

MANTRA DE LA RESURRECCION

Soy joven y saludable, nada de eso se ha de dudar. Mis órganos se renuevan porque soy joven real.

Por donde quiera que vaya mis finanzas han de brillar, porque yo traigo asignado, suficiente capital.

AMOR DE ASIGNACIÒN

Cuando la luz se expresó, sentí que clamó tu voz, y renació en mi alma la esperanza, de que volverías a mí.
Anduve esperanzado en el trayecto, con la definición del grato amor de asignación.

Latió mi corazón pensando en ti, y todo fue tan grato, que tu llegada reiteró la ilusión.

¡Qué tierna comprensión fue el gran experimento de redención! La vida se tornó en la apreciación de ese amor de asignación.
Tenerte fue ganar el magno galardón, que has sido como tener la gloria del señor, que es plena armonía para el amor.

Tan magnificente era aquel presente, que Dios lo veía y lo ponía de frente. Firme lo miró y en su corazón tierno lo guardó.

Fue que el corazón de Dios lo comprendió y fue así como lo permitió, que tu alegría fuera la mía, para que tú sonriera se hiciera mi sonrisa, y que tu corazón fuera aceleración, para mi comprensión.

Reflexioné en torno al tema que aceleró la vida, y lo tornó en dilema, entonces me expresé:

"Si no fuera por el factor monedas, dormiría un poco más en primavera", pero el amor del alma fue infectado, por el metal que se hizo intermediario.
Ya yo estaba enardecido en el planeta, cuando el factor monedas también me puso a pruebas.

Tú has sido la esperanza en medio de las remembranzas.
Cuando llegaste tú sentí un rayo de luz, y la aceleración del corazón, vislumbró la grandeza del amor.

Se cambió la ilusión y viví el mejor equilibrio del amor.
Y desde entonces, ya el factor monedas, no me impidió dormir en primavera, para fortalecer la vida, y elevar para siempre el alma entera.
¡Qué tan grata armonía, llegó a la vida mía!

LA RAZÒN
DEL SER

La utopía de la misericordia daría al traste con el egoísmo, dando paso a la acción del despertar y como un cordón de pólvora se extendería por todo el planeta y el despertar seria la gran transformación.

Algunos se constituyeron en grupos que buscaban expresar sus inquietudes intentando corregir las actitudes y aptitudes del hombre
sin entender que cada ser en el espíritu, antes de encarnar, escogía la trayectoria que habría de seguir durante su estadía en la tierra y que las acciones del libre albedrio no podrían imponerse a las asignaciones escogidas por el ser, antes de encarnar, para ejercer en su estadía como humano.

El espíritu o punto cero, es el ser que había permanecido en el vacío, y que extendiéndose se contempló a sí mismo, y en una especie de auto-sorpresa produjo una explosión que lo fraccionó, al grado que partículas que emanaron de su ser fraccionado se mostraron como inteligencia dispersas, a los que se le llamaría dioses, primogénitos del padre, que habían ponderados en su existencia a punto cero como el padre y los dioses emanados de él, se constituyeron en co-creadores con el padre generando creaciones evolutivas.

A la conceptualización que indujo al ser, a hacer conciencia de sí mismo, en y por su acción de movimiento, se le conoce como "Big- Bang".

El Big- Bang había ocurrido como un cataclismo singular, que se había iniciado instantáneamente 13.8 hace mil millones de años, marcando el fuego del universo.

LAMENTACIONES

El radicalismo de los tiempos, no garantiza la justicia, se ha caído en una parafilia global, entiéndase desviación de conductas fueras de normas, que se han convertido en un voyerismo o trastorno consistente en obtener excitación sexual mientras se observa a alguien.

Esta condición había llevado a ciertas familias a asumir conductas de locuras y libertinajes sin detenerse a pensar en las posibles consecuencias que esto podía generar.

Aconteció que Eulalio tremebundo, Y su esposa Jesy tremebundo, habían sido invitados a una reunión de amigos donde después de unos tragos sin control, se generó una orgía donde los participantes acordaron y asumieron un todo contra todos.

Mientras Petra y Rodolfo se excitaban contemplando en medio de aquella fantasía, Jesy estaba con Carlisle mientras Eulalio se frotaba con Florinda.

Sin embargo algo aparentemente lamentable sucedió, durante la orgia Jesy había resultado embarazada de Carlisle, quién ignoraba lo que había ocurrido, al enterarse de lo acontecido Eulalio acostumbrado a una vida de perversidad, al nacer el niño sintió traumas y remordimientos y exigía que Jesy su esposa, lo diera en adopción, debido a que Jesy se había negado, se lanzó al consumo de estupefacientes habiendo enloquecido.

Y una noche en que andaba en el subterráneo, había abordado el tren y tres paradas después en que el gusano de acero se aproximaba a la parada, había golpeado a uno de los pasajeros en la cabeza, pero debido a que el tren abrió la puerta rápidamente, mientras Eulalio golpeaba a su víctima, este quiso escapar cuando el tren volvió a cerrar, y su cuello quedó atrapado entre el borde de la puerta, quedando ipso facto asfixiado.

En el Sepelio Jesy le contó a Carlisle que él era el padre de su niño, y Carlisle sorprendido, recurrió a practicarle un ADN, que confirmó la paternidad, desde ese entonces todos olvidaron la perversidad y ni Petra ni Rodolfo, ni Jesy, ni Carlisle, ni Florinda volvieron a ensayar las orgias del malestar, sin embargo,

Florinda, que era estéril, aceptó que Carlisle se llevara a Jesy a vivir con ellos, y Carlito que era el nombre del niño hijo de Carlisle, tuvo un padre y dos madres. Temblarán y caerán frente a la luz, los usurpadores y falsos profetas, que andan matando y robando.

Es que la doble moral te genera malestar, si está persiguiendo el vicio, no seas el primero en drogarte.

Habíamos dicho y lo reiteramos, que la violencia no es cosa buena, mata el alma y la envenena, la paz en cambio trae seguridad, armonía y justicia.
Sin embargo, cada día la violencia se expandía y muchos hombres morían.

Los hombres de esa generación, no podían salvarse a sí mismo, la destrucción se había expandido, hacia una gran franja de la tierra, las catástrofes se exhibían en distintos renglones del mundo y se había llegado a la conclusión de que las religiones no podían salvar a nadie. En distintos lugares inesperadamente, el fuego arrasaba viviendas, y muchas personas morían de diversas maneras.

Se aproximaban los hombres a sobrevivir, aunque hundieran a su prójimo, habían empezado a perder la humanidad.

IDONEIDAD

Había Dios mirado hacia la tierra y descubrió la soledad del hombre que tarareaba y se callaba hasta llegar al silencio, y vio que la mujer que aún estaba un peldaño por encima del hombre, reflexionaba acerca de cómo sería la vida del hombre sin ella, pues leyendo Dios el pensamiento de aquella, la hizo descender hacia donde estaba él, precisamente cuando estaba el hombre en reflexión, le apareció la mujer, aquella que unos días antes le había revelado Dios, que le enviaría, aquella caminaba por la senda estrecha del ribete de un vasto escalón, que estaba a un paso de donde permanecía él.

Debo decirles que desde el mismo momento en que ella lo miró, se sintió tan atraída por aquel, que entre sus brazos descansó.

En lo adelante ella sería su verano, y el, su primavera.

La mujer había llegado a la tierra con el propósito de asistir al hombre en su misión, por lo que en el principio se generaron dificultades en la convivencia debido a que no se conocían y cada cual anduvo por su lado sin tentación y con ingenuidad.

El hombre fue tan joven y con larga permanencia en el planeta que llegaron a admirarse entre ellos.

Todo lo acontecido había sido asumido antes que ella llegara, pero después ella se olvidó de aquel acuerdo e intentó elevar su protesta, pero el hombre descubrió que un beso generaba deseos de algo que ellos ignoraban hasta que el reptil malicioso Les abrió los ojos y ellos ensayaron y probaron y vieron que era bueno.

Entonces miles de años después la mujer se vio precisada a regresar a su estado natural, para ser llamada compañera idónea, de manera que contribuyera a la salvación del hombre o a su perdición, según conviniera a lo que Dios había permitido que el hombre escogiera como vida a ensayar.

En la espera de la segunda venida aguardaba los próximos años de la llegada, siempre recordando al Jesús de la inmolación que en la vida escogida dos mil años antes, había venido a morir para salvarlo a todos, pero así era el juego, ni el lo recordaba ni los de más lo aceptaban porque ninguno recordaban la imagen de Jesús y todos pensaban que él se presentaría con una corona de espinas, el torso desnudo, y un cuerpo azotado.

El hombre en la nueva vida seria, unos años mayor que la mujer, pero luciendo tan joven como ella, porque él no tenía ni tiempo ni edad, ya que el hombre siempre luciría como de 33 que era la edad terrenal que tenía Jesús a la hora de la inmolación por el género humano, el continuaba luciendo la misma edad en otro cuerpo con una diferencia de que ahora él era el portador del reino de Dios en la tierra.

Los años pasaban y no lo golpeaban, se le había detenido el tiempo, y su padre le había asignado la edad de cristo, que como ladrón en la noche estaría en la tierra para que se cumpliera la segunda promesa, nadie lo conocía porque los terrenos guardaban una imagen, se guiaban por la imagen, y creían que el hombre nacía, se reproducía, y moría.

Y habiéndose frisado esa creencia convirtiéndose en un valor, esa conciencia social, reproducía, lo que creía, y el planeta no había podido superar la condiciones del plano porque la conciencia de sus habitantes, era limitada y esta limitación los había llevado a olvidarse de su divinidad, el temor los había sometidos a todas clases de vejámenes por todos los definidos como hostigan tés quienes lo habían sometido a la tentación de la paciencia o el deshonor, esperanzados de que aquel reforzara sus engramas y se volviera psicótico, buscando que aquel se armara y sacrificara a un grupo y después se suicidara, pero no lo lograban, era más grande la virtud de su esencia que la debilidad de su conciencia.

El hombre había experimentado diversas experiencias, que en el ejercicio de sus funciones, de alguna manera incluían sobornos, maldad y bondad, y muchas veces traición y tentación.

Entonces al recibir la mujer que le había aportado el señor, automáticamente recibió un control, el hombre no podía hacer nada que la mujer supiera, sin la aprobación de ella.

Y si se atrevía a enrolarse en la política, hasta las medidas que tomara dentro del ejercicio de sus funciones, debían ser consultadas con ella.

Y cuando llegaban a ser los primeros en la nación, el presidente y ella la primera dama, si intentaba tomar la decisión de hacerse dictador y no se lo consultaba a ella, al momento de la rebelión, ella era la primera en entregarlo a la justicia del pueblo.

El hombre puede ser un sereno cordero sin la capacidad de tomar decisiones de poder, pero si encontró una mujer despierta de esas que planean como alzar el vuelo en la madrugada, el hombre puede llegar más allá de las fronteras anheladas.

Así que cuando le toca estar al lado de sus detractores, aunque signifique beneficio o seguridad económica, la compañera idónea le sugiere lo que le conviene y la postura a tomar.

La mujer contribuye a que el hombre se vuelva más fuerte en todo lo sentido, ya sea porque ella seleccione las comidas que le dará a comer, o porque le otorgue los consejos de experta, que ella suele otorgar.

El hombre y la mujer han sido sobrevivientes y compañeros idóneos en la tierra, uno es complemento del otro, porque un hombre o una mujer en soledad, son como patinetas zigzagueantes y sin rumbo.

MI TIERNO QUERER

En la sublimidad de la ilusión, siempre serás mi eterno amor. Eres el matiz, que mora en mí, realización del corazón, bondad de gracia y comprensión, la brillantez de la ilusión. Por eso sigo convencido, que siempre tú, serás mi libertad, mi eterno amor, mi gran verdad, luz que me alumbra el despertar. Y si la lluvia toca tu alma me esmerare en tu mirada. Le diré a Dios que yo te amo, y él te me otorgará como legajo. Si alguna vez, mira con tú mirada, el despertar que nos haz de llegar.

Al recordar lo que viviste antes, sin poder controlarlo lagrimearan tus ojos. Las bendiciones te darán alegría que habrá de disfrutar el alma mia.
Como en la eternidad, será mi intensa paz, y tu disfrutara tú grata libertad.
Las lágrimas que te fueron amargas, serán gotas de agua que abonaran tu alma.
Pero, al pensar en mí, recordarás la luz, que siempre te alumbró, desde tu juventud.

Recordarás mis besos como un dulce aderezo.
Como la melodía del concierto que un día, llegó a la vida mía.

Y cuando me recuerdes sentirás que me quieres.
Y correrás hacia mí, como una golondrina que va tras de su nido.
Que ya creyó perdido, yo desde lejos te veré sonreír, y aunque este sorprendido. Te abrigaré en mis brazos, y besaré tu frente con ternura creciente.
Entonces ahí, confirmaré que siempre fuiste mía, y siempre te tendré, en cada amanecer.

Y en el plano sublime nuestro eterno querer, se manifestará para la paz.

Y tú serás mi libertad, y yo seré tú realidad, y en el plano sublime, se manifestará tú bondad y alegría de aquella vida mía, y cantaré a los vientos contextuales, que estaremos montados en nuestras libertades.

Hoy pregono en el tiempo tú bondad, advirtiéndoles a todos que eres mi eternidad, alma gemela, plena gardenia de gracia plena, eterno amor, de redención, antorcha floreciente, sol naciente.

Eres una flor frente al jardín, siempre me vas a divertir, jamás me vas a hacer sufrir, eres una flor que trae amor, los pétalos de tú olor, deleitan mi corazón, los pistilos traen sigilos, me hacen feliz y divertido.

Renace mi corazón, al contemplar tu color.

PAUTA DE LA
EVOLUCIÓN

Es verdad que la edad es una condición, propia de la limitación, pero por la condición de mi eternidad, y mi soledad, no tengo edad.
Quien abusa del poder, es un prisionero que no sabe discernir, ni frente a un te quiero.

He aquí que todos comentaban estupefacto la forma autoritaria con que ordenaba al espíritu, sus palabras, ahora como antes, traían autoridad y poder para liberar del mal que esclavizaba a aquella mujer, el hombre en cambio se había santificado y su revelada inclinación al reino de Dios, se encausaba a la inquebrantable obediencia a la voluntad del padre.

Era fácil entenderlo por las condiciones expuestas en génesis 1-- 2 -- 27 "Creó Dios, al hombre a su imagen y semejanza, a imagen de Dios lo creó, varón y hembra".

Pero a pesar de los posibles esfuerzos generado por el ministerio de la salubridad de aquella ciudad era un honor de cada anfitrión infringir inquilinato en compañía de ratas bichos y cucarachas en los costosos y destartalados apartamentos de las edificaciones de la zona urbana, donde muchos cultivaban el cuerpo hasta con cirugía, para cambiarse lo que la naturaleza le otorgó, más aborrecían cultivar el espíritu para reforzar el poder de discernir para cedacear y equilibrar las castras del libre albedrio, a fin de evitar las maldades que pretendían arrasar a sus congéneres.

Los planes apocalípticos conducían a la opresión de manera que las victimas quedaran esclavizados, principalmente aquellos que se habían identificados con los sectarios, el hombre lo sabía y buscaba dirigirse a donde estaban los sectores que anhelaban ser liberados.

El hombre había sido creado con el propósito de que se amaran los unos a los otros, pero la competencia y la ambición lo había conducido a la autodestrucción. Él pensaba que nunca nadie habría de estar por encima de él.
Él pensaba que se encontraba en el nivel y el punto de su realidad.

Ahora buscaba cimentar la semilla del amor, buscando obtener un mundo mejor.

Y para eso había empezado a mostrarse como un antioxidante, que regeneraba la célula al instante.

Entonces obnubilado el hombre vociferó:

Tus besos me reconstruyen y el sentir de tu querer me hace rejuvenecer.

Que tierna y dulce mujer que me ve al amanecer, la que me hace renacer, y agregó "soñé que el mar se quemaba, soñé que la tierra ardía, y por soñar imposible, soñé que tú me quería"   La mujer se sonrojó y guardó silencio, ella sabía que desde su desobediencia en el jardín del edén, había sido decretada para hacer la voluntad del hombre.

Entonces quienes escuchaban lo que el hombre decía entendían que el amor vendría a trascender todas las diferencias, y por amor sobrepasarían la frontera que el hombre en su conciencia de limitación había creado.
Entonces el hombre agregó:

"Bendigo y ordeno a mi alma, crear la enzima de la juventud, para rejuvenecer mi cuerpo y eternizarlo como a mi espíritu.

Desde ese momento Dios le concedió su decreto, y andaba por la vida saludable y rejuvenecido, mostrando a los de más de qué manera Dios lo había complacido.

LA PRIMICIA

El mundo se ha convulsionado. El caos lo ha arropado.
Es tanta la porquería, que sorprende cada día.
Lo que una vez fue certeza, ahora es plena porfía. Los hijos aconsejan a los padres.

y las esposas, se van con las comadres.

No queda comprensión en el hogar. Todo se desintegra en el afán.
Se fue con la tristeza y nos dejó un adiós.

Nuestra madre miró al cielo y sucumbió. Ahora con mucha gloria la espera Dios.

Su partida nos golpeó, mi corazón se agrandó.
Su fuerza la heredo yo, oh madre, tú no te has ido. Tú has guiado mi destino.
De tu vientre florecimos.

Nos trazaste un buen camino, seguimos fortalecidos. Dios, te servirá de abrigo.

Caminando por la senda del honor, voy directo donde se encuentra el señor, hoy porto la corona del amor, me la entregó el señor.

Que la ignorancia se ilumine, que la comprensión no nos deje nadar en el error, porque quien no teme a la muerte, vive por la vida.
Si adelante tienes espacio de más, qué tu buscas pegándote atrás?

Es que la doble moral te genera malestar, si está persiguiendo el vicio, no seas el primero en drogarte.

Temblarán y caerán frente a la luz, los usurpadores y falsos profetas, que andan matando y robando.

Es difícil percibir la realidad cuando se está obnubilado en la fantasía.
Hoy es un día en que Dios descendió desde su pedestal, dijo que me iba a mirar, y me enseñó a conjugar el verbo amar.

Que brote el poder que hay dentro de mí, que mi brillo opaque los ojos de la obscuridad, para que jamás nuble mi paz, amen.

No todos pueden ser considerados como amigos, porque hay amigos, con los que no se necesitan enemigos.

Aunque en el mundo no está, felicidades mamá, tú existir me permitió vivir, tú has sido luz que alumbró mi juventud, aunque no te ves, eres razón y brillantez.

Dame la comprensión y el entendimiento para que la justicia se practique a tiempo, que mi voluntad me atraiga la paz, y que mi salud sea mi gran virtud. A pesar de "La Mordida De Los Perros", mientras más conozco al hombre, más los amo a ellos, el hombre es malicioso y traidor, el perro es cordial y leal. Los ladrones e ignorantes andan rompiendo cristales, buscando justificar, el acto de sus maldades, y al llegarle la factura, temen a la sepultura.

Porque la promesa del divino, está conmigo, me mantengo en su camino, alcanzó lo perseguido y reitero mi destino, es que la fe, es encontrar donde todos miran y no ven, porque al brillar la luz, renació Jesús, y el entendimiento se definió, y la palabra prosperó, y el propósito se alcanzó.

Es que esa cultura nuestra de sobrevivencia idiosincrática, donde se estira a la fuerza, y la solidaridad pesa, la vida se te estatiza y por conformismo sufrimos, pierde a tu mejor amigo, de hecho, la solidaridad con libertad, es lo que atrae la paz.

Las mujeres son tan bonitas, que cualquiera les hace una ermita, más, no todas son conformitas, y te otorgan una garita.

De veces en cuando suelo preguntarme, por qué tu sonrisa no llegas a mí? Si yo la espero con anhelos, y así, la indiferencia me hace sufrir.
Hay quienes entregan la vida detrás de un sueño y al final, alcanzan una quimera, pero hasta lo que parece un fracaso es gloria.

Hay que ser cuidadoso con ciertos dadivosos, suelen otorgarte un pez, para como usureros, después reclamarte una ballena.
El amor del redentor, es salvación, reconforta la ilusión del corazón, y define la grandeza del honor.

El hombre común entiende que durante su estadía en el planeta tierra, es más el dolor y el sufrimiento, que los beneficios que paga el tormento.

La bipolaridad es una condición de generación, por lo que debe considerarse que hay locos, que no son locos, que hay otros que locos son, hay locos que vuelven locos, a los que locos no son.

No importa los obstáculos del camino, tenemos asegurados nuestro destino, la salud es la redención de la luz, la sabiduría la respuesta y la armonía.

Que Dios te entregue el registro del amor, de ese amor, que surgió desde la creación, esa armonía de la vida mía, me enseñó que el amor, está en el corazón
. El violento provocó al pacifico, y aquel le disimuló, al tiempo que le advirtió "fue un craso error ponerte conmigo", sabiendo que no somos amigos.
Es difícil percibir la realidad, cuando se está obnubilado en la fantasía.

Los eternos no envejecemos, pero en aquel lugar, surgía la gran tentación y un día aparecía el sol, y otro día una nublazón.

DIOSA DE LA CREACIÒN

Si por alguna razón tú llamas a mi corazón, tendré pendiente tu voz, para entregarte mi amor.

Eres la muestra visible de la creación de Dios, eres virtud y esperanza, que redefine mi causa.

Si por alguna razón, te falta un poco de amor, yo te entrego la esperanza y te doy mi corazón.

Quiero expresar lo que siento sin dañar tus sentimientos, quiero expresar mi verdad del amor que llevo dentro.

Yo quisiera sonreír y junto a ti compartir, si sientes que soy tu amor, no dilates mi sufrir.

Porque si a mí tú me quieres, por siempre me harás vivir.
No quiero verte sufrir, pero no puedo evitar lo que asumiste vivir. Tu gracia es muy ostentosa y tu boca muy hermosa.
La sonrisa de tus ojos, es lo que más me provoca.

Si eres una hermosa beldad, de las que Dios ya creó, cómo puedo negar yo, que eres gloria de su honor?

Eres graciosa y gloriosa, divina y esplendorosa y he de admitir tu existir, como una diosa ostentosa con tu capa de vinil y pulseras de marfil.

Eres graciosa expresión de las que Dios, acepta honor, por eso en un tiempecito se te apartó en un rincón.

Para más tarde llamarte, diosa de la creación.
Lobos enhienados que tragan a sus hijos y vomitan a sus sobrinos, paren ya conmigo porque si persisten se indigestaran, y la esencia de mi ser, los exterminaras.

EL
PRESUMIDO

Soy joven bello y natural, solía decir tío Cabral, todas las mujeres me quieren besar.

Si voy a la playa, soy muy popular y todas conmigo quisieran nadar. Las cosas más grandes se me suelen dar, y en la discoteca, conmigo también quisieran bailar.

Soy sensacional, y al cine las chicas me suelen llevar.

Yo nunca he sufrido por el que dirán, cuando alguien me insulta, me pongo a bailar.

Hay muchas acciones de ramificación que deben someterse a consideración, si es que alguna chica, me ofrece su amor.

Si voy al congreso me pongo a vocear, buscando atención para rebajar, el alza de precios a nivel global.

La vida ha cambiado muy poco que hacer, cambiemos frente al mundo nuestro proceder.

Unamos nuestras fuerzas para renacer.
Todo evoluciona y nada se estatiza, amo la sonrisa de una sola chica, cuando ella me mira siento que electriza.

Una nena bella, una chica tierna, que cuando te miras te arrancas las penas. Ella fue la chica, la que me eligió, la que optó por mí, siempre ella me quiso y me hizo feliz.

Algunos celosos no aguantan las latas, y suelen mostearme como el presumido, como alguien que inventa lo que ya ha vivido.

Tanto es su problema que flotan tu patria tras de una bandera y te hacen creer que tu vida es plena.

Pero esa amistad que ellos tanto fingen, es toda una esfinge muy poco creíble.

Y te hacen creer que son tus amigos, pero son mezquinos que exploran tu ombligo. Ellos han olvidado que soy el que soy, no es una gloria ni es una flor, y que sus maldades les darán dolor.

No hay mucho que hacer, pero esclavos son, si acaso quisieran la liberación, tendrían que cambiar todas sus maldades por el grato amor.

Así decía, así mugía el presumido tío Cabral.

Él fue el equilibrio de muchos que andábamos sin destino, y nos despertó con ruido, andando por el camino.

BRILLANTEZ

Me siento acomodado en tu cuerpo.
Cuando te abrazo, me ato y habito en tu regazo.

Voy sintiendo el reflejo del reconocimiento. Inmune en la penumbra entro en tus pensamientos. Buscando construir ese nido de amor.
Voy anhelando la reconstrucción. Atándome al latido de tu corazón.
Siempre que estoy contigo creamos el entusiasmo. Y nunca existen penas ni rencor,
tramado en nuestro corazón.

Si tu voz angelical me insulta en su expresión. Emanará ternura para tu redención.
Pues no hay esclavo del tormento, que no sienta dolor.
Contigo yo andaré tras la reconstrucción. Emanara la vida como grata ilusión.
Con ternura y virtud para un mundo mejor.
Después del holocausto sólo seremos dos.

Que reconstruiremos la existencia de Dios. La tierra perderá un galardón.
No habrá inconscientes, ni villanos que causen dolor. Pues solo tú y yo seguiremos plantando la glorificación. Dentro de la semilla del amor.
Y tras de cada paso en nuestra acción. Brotará nuestro honor tras los rayos del sol.

EL HIMNO
DEL TRIUNFO

Los valientes no nos damos por vencido luchamos, luchamos, y si alguien se nos cruza en el camino, lo ignoramos, lo bloqueamos, no hay obstáculos que frene nuestro ascenso, el triunfar ya lo traemos por dentro.

Los vencedores estamos triunfando porque la fe nos lleva de las manos, reforcemos la esperanza de saber, que el poder es renacer, y si algo ha de acontecer, nos entorpece o nos ilumina el saber.

Nunca dudamos de la grandeza que nos da la fe para querer, lo que el espíritu siente en el ser, es la prueba de vivir y renacer.

Emprendemos ese viaje peregrino que definimos en el camino.

En el viaje peregrino en un cuerpo ensayaremos, lo que el espíritu trae por dentro. En esa historia o ese cuento viviremos en la alegría y el tormento.

Nos presenta la gratitud y la alegría…..y la tristeza y el dolor nos piden cuentas.

Pero la vida que forja la conciencia, muestra la justicia con su presencia.

Si alguna vez nos encontramos, en el camino, ya sea por encargo o por destino, daré gracias a Dios, si te percibo.

Y te daré mi amor, tal y como lo concibo. Haciendo el andar por el camino.

Tú serás como el ángel que rescata al peregrino. Aquel que andando errante y sin un rumbo fijo, Va marcándote el paso en el camino.

Yo seré la presa que estará en tú nido, y vendrás

a descansar, haciendo el ideal que quisiste alcanzar.

LA FAMILIA PÉRDIDA

Languidecía la tarde de temporal y primavera erguida, volaba sobre ella la golondrina.

Y el ruiseñor, atizaba la esencia de la vida. El labrador que andaba sin amor. El riachuelo transitaba sin rumbo.

Todos negaban que fuera hacia el océano. Pero el rey de los cielos coronó el gran amor.

Peregrinaba tras del sendero de su tierna morada La anciana creyéndose sin hijo, transitaba.

Y se hizo acompañar de un mendigo perdido. Yo mire y pensé en el destino queriendo ser él.

Peregriné en la sombra del camino sin ningún sentido. Pues, yo tenía de todo más no tenía amigos.

Resultó que una vez, antes de nacer.

El mendigo perdido, y la anciana que creyó que no tenía hijo, habían copulados.

Y aunque ella me tuvo, luego me perdió.

Fue que él se marchó, tan solo ignorando que me concibió. La anciana en penuria me llevó en su vientre.

Cuando era tan joven y sonreía su rostro.

Aquel bebecito al tiempo nació.

Y mi tierna madre aun estando sola, dejarme nacer nunca ella dudó.

Pero aquel destino se nos atravesó, y en las multitudes, Ella me perdió.

A los cinco años esa nube negra, sopló y me envolvió.

Y aquella viejita jamás me encontró, mis padres adoptivos que no tenían hijos, me dieron cariño, a estudiar me enviaron, cambió mi destino.

La anciana y el hijo estaban perdidos, y solían andar el mismo camino.

Hoy por accidente los tres muy queridos, que estaban perdidos. Se vieron de frente, se vieron las caras, eran padre madre e hijo.

Se reconocieron, con un tierno abrazo, los tres se fundieron.

¡Qué extraña es la vida! No hubo despedida.

Fue la trilogía, confirmando así, que aunque lo negaran. Dios, aún existía.

EL CLAN
DE LAS NENAS

Todas llegaban a las cinco de la tarde, se reunían a la entrada de la casa de teresa, todas eran damas que parecían marquesas.

La mayor era de 85 y la menor, de 55 y vomitaban todo lo que guardaban. Unas reían, otras cantaban y algunas saltaban, al recordar el pasado que le resultaba amargo, o las que fueron felices, y nunca fueron besadas, solamente en las narices.

Y para asunto de conformidad, Raquel se solía expresar:

"Grano a grano, se llena la gallina el buche" todo para pagar peso a peso la deuda que se contrajo del café que había comprado a crédito, en la bodega de al lado Hablaban de modas y de moditos, sin que un elogio faltara de Rabito, aquel hombre que se sentía mujer, sin que aquellas pudieran deshacerse de él.

Habiendo una gran disparidad entre el hombre de color, a quien Rabito adoraba, por sus fuerzas generadas.

Y lo defendía diciendo:
Cuando un chocolate de esos me deja probarlo espeso, yo me siento satisfecho, y agregaba:

Cuando hombre de color se te muestra superior, es solo por el complejo, de haberse sentido lejos.

Con una tos interrumpió, Raquel que lo amonestó:

--- Pero cuando un homosexual, priva en más mujer que las mujeres, lo que busca es llamar a la atención, es decir, busca de que se fijen en él.
---- Ay, a mí nadie me mira Dice Rabito retorciendo la boca.

---- Es que tú eres un pájaro tunante y extravagante   Expresó Raquel, y agregó:

--- En mis años maravillosos, yo era una pava, a quien todos querían sacarle las plumas.

- De por Dios Raquel, dejas de andar suspirando por el pasado que lo que fue y no es, es como si nunca hubiera sido Dijo Rabito.

El café que aquel hacía, lo saboreaban todas, incluyendo a Rosita la de Lola y Anacleto, la que a su marido hablaba, con cierta sagacidad:

--- Ay Anacleto, tu no respeta la edad, para tal perversidad, ven y ponte en tu lugar, que aunque me jale hacia allá, tu no das, ni fu, ni fa.

Dios me libre de los palos de mi madre. Y de las lenguas de las nenas. Cuantas murmuraciones, Dios me libre, no había quien se escapara de las disertaciones del honor.

Que si Sandrita la hija de juanita, usaba un pantalón, tan ajustado que traspasaba su caparazón. Ay, se ve rojita, coloradita, que bella esta la muchachita!

Que si la juventud, que hoy deslumbra sin luz, es una tentación del deshonor. Que cuando habla la experiencia, la juventud se silencia.

Que si Rojita y Pildorita, se iban a acariciarse en la esquinita.
¡Cuando en mi tiempo decía Tina!

¿Cuándo en tu tiempo?... Acaso tú te has muerto? --- Le replicó Margó.
Agitado y sereno iba el velero, y la nena Francisca voceaba aquí te espero Y agregaba:

Huyendo del naufragio va mi amado, dejando atrás el flagelo de mi anhelo.
Quiero la comprensión del corazón, que me induce a ensayar la tentación.
Hoy me ha pasado el tiempo y aprendí de mi gloria, la alegría, la pasión, y el dolor. Pero además hoy he aprendido a pensar, más que con la cabeza, con el corazón. Los huesos me han marcado la expresión y en estos años de mi segunda edad, confundo al tiempo y lo cuelgo en su pedestal.
Voy caminando sin bastón, irguiendo el cuerpo en la desilusión.
¿Cuánto ha pasado el tiempo, a dónde estas mi amor?

Todas solteras, se apoyaban entre ellas, se consolaban, enfrentando a la muerte.
Angustia sonreía con la boca cerrada, pues un chiste de teresa la hizo soltar la caja. Todas las otras sin piedad, rieron a carcajadas.

¡Qué vergüenza sintió angustia, sus dentaduras no eran ninguna fruta, pero se saboreaba removiendo la caja, que un dentista le plantó en su morada.
Sentía ella que aquel, se la dejó aflojada, coincidiendo en la forma, con juanita la coja.

No me vayan a opacar, porque aun naciendo primera que todita, me siento aún jovencita.

Aún conservo la gracia, la belleza a todo dar, que cuando veo a Anacleto, hasta lo torno despierto.

Aunque me siento una diva, yo puedo reconocer, que ese dolor de cadera, no es una primavera.

Y acusando circunstancia, ahora me duele la panza, y cada dolor de piernas me lleva a las añoranzas, haciéndome recordar que los veinte ya se fueron. Nunca más, retornarán.

Las otras muy concentradas le prestaban atención. Mientras la diva esmerada, seguía su disertación.

Envuelto en el recuerdo de la comprensión, ahora estoy convencida que habrá una revolución.

Pero queda la osadía de pensar como María, que el esqueleto de la juventud, es como aquella fruta que un día consumiste tú.

Mis amigas, hoy llaman esqueletón, al esqueleto que ayer fue sosteniendo tu amor. Es que ellas creen, que los años me quebraron la ilusión. Ignoraban que mi amor, es gloria y es emoción.

Sé que ninguna de ustedes sostiene la comprensión, cuando sus huesos molestan, y luchan con el dolor.

En cambio los muchachos del sector, aquellos párvulos indignos, cuando nos ven reunidas en la acera de la esquina, solo nos dan un saludo de burlas y de sacudida. En verdad no respetan las alhajas, y mucho menos las canas, perdón, me corrijo: Para las que tiene canas, porque yo, me las pinto.

El caso es que esos milenios nos tienen a fuego y leña y siempre nos andan voceando:

----- ¿"Qué dice el clan de las nenas"?

Y Toña y Elvira retorciendo la boca casi se ponen bizca, y Adelita jalándose el cabello, casi se araña el cuello.

Pero Josefa saboreaba su tristeza, mientras que a Tina le dolía la cabeza, pero peor lo hizo la condesa, aquella ni sentía ni padecía, y aunque hiciera calor,

portaba su sombrero de capitana de veleros.

Todas teníamos nuestros achaques, siempre nos reuníamos en el mismo lugar, y los muchachos insistían en molestar, a Badia le decían vida mía, a Anacleto les escondían las chancletas detrás de una banqueta, y a mí, a quien solían llamar la poetisa, pretendían maquillarme con una tiza, disque en honor a mi intelecto, era lo que decía mi tíoErnesto, el que tanto se esforzaba en ponderarme los versos. Esa era nuestra realidad, vivíamos sin depresión, como macho en pantalón.

Usábamos una petaca, esperando a la hojarasca. Queríamos parar el tiempo inventándonos conciertos.

Estábamos tan felices que le pedíamos a Dios, que la muerte no aterrice.

La queríamos dilatar evadiendo regresar a la casa, del corral. De allí de donde vinimos para la tierra, a ensayar.
Y a nuestro plano sublime, tendríamos que regresar.

EL LOCO
DEL FOCO

Toda su vida fue un lector que no entendía.

Cómo era posible que en una sociedad de libertad. Se condenara un acto de tierna humanidad.

Creando de la vida, una guarida para filosofar. Como se hacía a la antigua.
La cotidianidad no lo tolera más. Todos anhelan tener libertad.

Ya las ancianas no eran tan amadas. Pues las niñas se sentían muy queridas.
Los hombres, hacían de sus vidas.
Sus tiernas guaridas.

Desde entonces.

Fueron amantes de viejos. Ya los mozuelos para ellas. No eran gran consuelo.
Y el loco del foco era su tesoro.

El las despertaba y cuando las miraba. Se sentían amadas...Si, amadas.

Eran tan amadas que todas buscaban. Hallar su morada, tan solo intentando.
Hallar su mirada, explorar su esfinge. Él se detenía y en cada mañana.
Solía despertarlas.

Y, lo estuvo haciendo. Con grandes aciertos.
Enfoco su luz, más allá de su eterna juventud. Hasta encontrar un nido de avestruz.

Hasta que su habitad, fue morada profanada.

Los invasores llegaron con sus fuerzas esclavisantes. Y a todos los rebeldes les dieron purgantes.

Para limpiarlos de actos intolerantes. Los que se mostraron indefinidos.
Les dieron tiempo para encontrar nidos. Ya la humanidad no encontraba paz.
Todos los renglones estaban plagados de maldad. Miraron al loco queriendo golpearlo.

Su fusta de amargo, generaba llanto. Toda su maldad, no esperaba más.

Pero el loco poseía una luz.

Que irradiaba a la incomprensión . De los que intentaron la revolución. El loco, el loco, alegaba que todo. Lo que el hombre poseía en su ideal. Era un pretexto para enseñar.
Cómo se justificaba la violencia.

Que según él, también era una forma. De hacer conciencia.
Porque el hombre enseñaba. Como bueno y real.
Lo que pudiera ser un malestar. La guerra, el caos, el descontrol.
Eran las manifestaciones de su terrible desamor. El hombre enseñaba como bueno y real.
Hasta cómo saquear.

Aunque aquel hecho causara el peor mal. Y se toleraban los actos de maldad.
¡Qué ingrata desilusión!

¡Qué tosca transformación!.

El mundo anda confundido, sin una pizca de amor.

Al cuerdo llamaban loco, y al sin razón llaman cuerdo.

¡Que ingrato trastorno tengo. Lo que era jaula es prisión.
Y hasta mis propios adeptos, carecen de comprensión.

DILEMA Y
Y COMPRENSIÒN

El dilema en la comprensión. No es sincero amor.
El poseía una reducida tentación.

Y ella aspiraba a una voluminosa obsesión. Tales inquietudes dificultaban la comunicación. Sin que hubiera un acuerdo que diera solución. La sociedad se inmoló, todo el camino cambió. Ella se aventuró, andando por el mundo. Se mudó de camino para hacer su destino. Pero traía asignado algo no concebido.

Fue y pensó en su vagina, antes que en su familia. Y deambuló en la vida sin pensar que el futuro. Le llegaría muy duro.
Anduvo caminando en drástica opresión.

Y entre drogas y alcohol, encontró su dolor. El sin arrepentimiento pensó en el perdón. Sólo por la familia se mantuvo a su lado. Cuando ella despertó quiso reconquistarlo.

Más él fue marinero de aquellos que aprendían. De cada naufragio.
Así comprendía, si debía intentarlo. Aunque ella voló, como grato amigo. El la comprendió.

A pesar de todo, su sexualidad. Él no la aspiró
En drástico dilema se desplazó.

Pero un poco después, en el tiempo de Dios. El amor merecido, él lo encontró.

EL VIEJO
FUE MI CONSUELO

El viejo fue mi consuelo.

Para entender lo que debía saber. Él me enseñó a vivir o a morir. Siempre que fue posible.

Me explicó con detalles lo que era vivir. La vida es batallar para ganar o perder. Según el karma que tengas que saldar. Según el tiempo que hayas de consagrar. Y las batallas que tengas que librar.

La vida es partir o renacer.

Sin perder la experiencia que se deba obtener. Es que la vida es definir el trayecto.

De cada renacer.

El entendía lo que era el vivir. Nunca se opuso a cómo definir.

Y transitó en un mundo que parecía perdido. Con su gran expresión me consoló.

y volvió y reiteró.

La vida es batallar en el andar. Es perder o ganar.

Todo se manifiesta en el andar. Anduvo sin raudales ni atabales.

Y mi madre lo vio y lo comprendió. y pensó que era bien salir con él.

Mi viejo se ofreció, y ella como a un niño le sonrió. Sin gran contemplación, en el hotel del pueblo.

Su amor se consumió y fui concebido yo. Yo estaba sorprendido en el destino. Maravillado antes el poder de Dios. Mi viejo con su edad, se la fochó.

Y mi madre sonriente se quedó. Andaba en el camino, sin un rumbo fijo. Pero mi viejo fue un ente muy querido. Unos años después, mi viejo falleció.

Y miré en su mirada el despertar que aconteció. Mi madre lo lloró y me di cuenta como lo extrañó.

Fue entonces cuando aprendí a conjugar el verbo amar. Con el paso del tiempo se generó el dolor.

Pues el querer indujo a confusión. Muchos creían que el deseo era amor.

Pero en cierta ocasión lo que era alegría y diversión. Llegó a tornarse en desesperación y dolor.

Cuando el mundo se envolvió en confusión.

¡Que radical, se hizo la comprensión.

AMOR ANHELADO

Sueño explorando tu cuerpo, eres el amor que consiento, porque cada día te pienso, sigo esperando por ti.
Toda la vida he soñado, que eres el amor deseado. Por todas estas añoranzas, quiero que este junto a mí.
Estoy seguro, nunca lo dudo, que tu presencia será el embudo, porque te quiero, y por tu ausencia lo disimulo.

Si abre los brazos te doy abrazos, de todos modos yo te complazco.

No hay duda alguna, con tu sonrisa siento la brisa, y me hace feliz. Yo fui diseñado en ti, tú fuiste hecha para mí.

Es por eso que te espero y tu ausencia me hace sufrir. Eres la diva tan querida, tu y la piba son mi vida.
Pero yo me concentré en el fuego de tu abrazo. Después del beso robado, yo anhelo estar a tu lado. La piba es mí consentida, pero tú eres mi querida. Ven háblame, dime algo, si vas a venir a mi lado.
Por tu ausencia estoy sufriendo porque quiero tu presencia. Quiero estar embadurnado del aroma de tu esencia.
Mi corazón te está anhelando, para entregarte mi amor. Lo ha guardado para ti, porque tiene la certeza.

De que tú me haces feliz.

Mi amor por ti es más que despertar antes del amanecer. Para pensarte en silencio, y conversar con el tiempo.
Siempre he sentido, que eres mi anhelo. También me advierto que yo te quiero.
Es que sin ti, no sé qué hacer, porque yo quiero tu querer. Ven a mí, tierna mujer, tu eres la fuerza y mi poder.
Aún no has llegado, y te he esperado. Te quiero mucho, ven a mi lado.
Mi corazón te está aguardando. No tardes mucho, ven a mi lado. Porque ya en ti, estoy consagrado.

New York / 2023

LIBRO TRES

CUENTOS DE REDENCIÓN

TERCERA PARTE

SE LLEGÓ EL TIEMPO DE LA JUSTICIA,
Y LOS MALVADOS PERECERÁN,
NO TENDRÁN GLORIA NI TENDRÁN PAZ,
SÓLO LA MUERTE LOS SEGUIRÁ.

El ENANO, LOS MISERABLES MAFIOSOS,
EL JUSTICIERO INVICIBLE, EL ALIENI'GENA

EL ENANO

No hay más grandeza que la disposición de ser, se llegó el tiempo de la justicia, y los malvados perecerán, no tendrán gloria ni tendrán paz, sólo la muerte los seguirá.

Porque es más grande lo que hay por dentro que la forma donde te escondes, no hay motivo para que nadie me vea pequeño porque yo haya decidido guarecerme en este cuerpo, por lo mismo puedo afirmar sin temor a equivocarme, que soy más grande que muchos de los grandes y no acepto que nadie me minimice, porque yo soy lo que soy por dentro, por lo que se esconde en este cuerpo.

---Expresó Damián Ben Cosme, el chiquito del barrio, ya estaba harto de que le hicieran burlas por pequeño, y decidió ponerle un párate ahí.

Por lo que para armarse de valor mostró su plañidera, y sollozos lo asaltaron, mi padre era tan grande como un gigante, y no es mi culpa haber nacido chico, y tal vez si él no hubiera fallecido yo hubiese crecido más, porque al morir él, se pasmó mi tamaño, su muerte detuvo mi crecimiento, porque él era tan bueno que al sucumbir su raíz, sus ramas quedamos cortas.- Dijo.--- La voz de niño amable se tornó ronca y dura como el rebuzno de un burro, las guedejas desordenadas del cabello se introducía en sus ojos, adhiriéndose a las pupilas, intensificándose sus niveles de lágrimas.

El complejo de ser enano lo tornaba soberbio, por lo que un esplendor de coraje lo indujo a levantar sus brazos adiposo y regordete y agitándolo sobre la sombra de la noche, mostró sus puños como dos mandarrias advirtiendo en que si insistían en continuar faltándole el respeto, él no tendría piedad al hacerse justicia.

Sus acciones motrices encendían su espontaneidad y de un salto intangible dio muestra de su facilidad para saltar como un felino desde la altura del escenario, hasta el piso frente a la primera línea de butacas que adornaban al auditorio.

Era sábado y había oscurecido, el salón no estaba muy iluminado y su silueta se destacaba como sombra ascendente, en el semis- alumbrado escenario.

Los muchachos del sector con muy pocas formación, algunos criados sin padres, y casi nada presto a escuchar a sus madres, debido a que al vivir sin padres ellos se creían los hombres de sus casas, y que Dios librara a cualquiera que llegara a privar en padrastro, disque enamorado de sus madres, porque eran como una pandillita de necios y maliciosos coordinados y coherenciados por las mismas mañas, y habían cogido a Fabián Bencosmes como el mandinga, por lo que se vio aquel precisado a manifestarse como lo hacía en ese momento.

Por circunstancia tenia aquel galán cascarrabias la inquietud de manifestar sus impresiones al respeto, hasta cierto punto con inusitada franqueza.
Todo aquello había convertido mi razón en fuerza, mi rectitud en barbarie, mi honradez en violencia—Dijo Fabián Ben Cosme.

Su estado de ánimo lo hacía acreedor de una fuerza brutal que lo inducia a romper todo lo que se llamara huesos, pero existía en él, esa vocecita suave llamada conciencia que le decía:

"La violencia no es la mejor consejera, porque las acciones emanadas de ella, son impropias de un cristiano educado a la luz del sacrificio y el perdón.

Entonces el enano Fabián Ben Cosme, respondió a la voz de la conciencia que le susurraba a sus oídos:

---- Esas ratas, deben entregarse a Dios, que nuevamente les ha concedidos la vida. Aquella inclemencia lo había transformado de razonable a bruto, de respetuoso a insolente, de culto a salvaje, el clamaba por justicia, y no entendía nada que fuera contrario a lo que él esperaba.

Los muchachos del barrio por primera vez, guardaban silencio, la determinada disertación de Fabián Ben Cosme los había sometidos.

Sin embargo, sintióse el enano, como un pollo en la garra de un buitre.
Lo que parecía destino era un ineludible llamado de clamor al respeto y la razón, el enano Fabián Ben Cosme a partir de ese día se hizo respetar de todo el barrio, aquellos que jamás imaginaron su coraje, cuando lo veían transitar, por un lado del camino, se cambiaban de aceras.

Fabián Ben Cosme por su parte tenía claro que la ira era la peor de las pasiones y entendía que la ira engendraba maldades infernales, que no podían caber en un corazón cristiano, por lo que había tratado de no perder su ecuanimidad.

Había oscurecido, algazara y maullidos, confundieron el sonido, la locuela del enano, se sintió desafinada, de pronto el silencio, y la calma, del barrio se había sorprendido.

Fabián Ben Cosme intensificaba los gestos, su lenguaje corporal se iba agudizando. Los gatos y sus maullidos, confundieron el camino, estremecieron la noche, el orfebre cinceló el esplendor de su voz, y el enano se calló.

New York/ 2023.

Me han querido hostigar con el dolor,
para que no difunda mi expresión pero,
los sistemas de injusticias y corrupción ,
estaban llamados a desaparecer,
en la conciencia de la población.

LOS MISERABLES MAFIOSOS

Las pampas latinoamericanas, eran un terreno que la gente amaba, el trópico interior, generaba una sensación de amor, y ninguno perdía la ilusión de llegar al terreno de la redención, le llamaban los Estados Salvadores como si fuera un terreno en un mundo diferente a donde se encontraba el continente, porque al referirse a los Estados Salvadores, muchos latinoamericanos creían que la tierra de los pieles rojas, nada tenía que ver con ellos.

Tremenda paradoja generada por la ignorancia y la desinformación.

En realidad después de la llegada de los peregrinos, que habían iniciado su viaje el 15 de agosto de 1620, y en el mismo año, atravesaron el océano Atlántico, desplazándose a la costa de lo que más tarde serían los Estados Salvadores, concentrándose inicialmente en un lugar conocido hoy como nueva Inglaterra, y luego se emplazaron a cabo Cód., donde se edificó una ciudad conocida como Provincetown en la proximidad de lo que hoy se conoce como Massachusetts, después de ser recibidos por los nativos Americanos con gratas corduras y hasta con suculentas alimentaciones, en la medida que fue avanzando el tiempo en que los visitantes se fueron afianzando y conociendo a los aborígenes, aquellos que siempre habían ignorados la existencia de otros seres, cuya docilidad se incrementó en la medida que se relacionaban con sus visitantes, que con un alto grado de confianza aprovechando la fragilidad de sus anfitriones, fueron poco a poco despojando de sus derechos a los propietarios de la tierra a donde habían acampados al grado de llegar a desalojarlos, para crear un sistema donde los nativos se vieran aislados en sus propios predios, separados de todo, y donde sus descendientes que abandonaran las reservaciones donde habían sido depositados, se vieran obligados a rentar la tierra que un día fuera, de sus ancestros quedando aquellos también atrapados en las normas y regulaciones del sistema donde todo aquel que comprara una casa era dueño de la mejora, pero no de la tierra, esa fue la enmarcada muestra de la evolución del hombre, en el planeta tierra, pero específicamente en el nuevo mundo, a donde se localizaba lo que hoy son, los Estados Salvadores.

Ese ha sido el costo de la civilización, nada permanece estático y todo se da en función de lo que debe darse en el tiempo programado.

Tal argucia había ido distinguiendo y separando al continente de manera que muchas personas en su ignorancia alguna vez, llegaron a pensar que los Estados Salvadores era un continente diferente a Latinoamérica, porque la cultura inglesa había prevalecido en los ciudadanos de los Estados Salvadores, que era una cultura conservadora, frente a la cultura latinoamericana que era la cultura de los atabales, la diversidad, y el alboroto, heredado de España, África, y de todos aquellos aventureros que se internaron por aquellos predios, estamos hablando de blancos morenos, cobrizos, cruzados serenos, etc.

Debemos enfatizar que muchos de esos pobladores latinoamericanos por muchos años pensaron que los Estados Salvadores era tierra de blancos, hasta finales del siglo veinte cuando se ampliaron las cuotas de visas migratorias para los Estados Salvadores, y algunos pudieron viajar hacia aquel lugar, y descubrieron que los negros no solo estaban en África Y América Latina, sino que también en los Estados Salvadores existían negros contextuales con pocas difusión internacional, debido a que la mayoría de negros ladinos y bozales que habían llegados al nuevo mundo, habían sido importados por los encomenderos ingleses y españoles, se habían quedado en América latina, y los que trajo Inglaterra de África para las plantaciones del sur los Estados salvadores, eran simples esclavos silenciosos de los que no se hablaba en la región hasta que en el siglo diecinueve comenzaron a ser mandado a las guerras y a finales del siglo veinte y principios del veintiuno empezaron a ser reconocidos por los latinos del continente, y algunos de ellos como Obama, con Michel, su esposa y primera dama, habían pasados a integrar a la familia presidencial de Norteamérica, o de los Estados Salvadores.

Es decir, los Estados Salvadores eran para Latinoamérica, lo que Inglaterra era para Europa, los aristócratas aislados.

Por mucho tiempo fue así, e incluso hasta movilizaciones de repudio habían sido realizadas a lo largo del siglo veinte, en diferentes partes del mundo, hasta que al final del siglo veinte y principios del veintiuno, se corrió la noticia de que los

Estados Salvadores, era la tierra prometida, donde circulaba leche y miel, en los distintos renglones contextuales.

Entonces Latinoamérica y el mundo corrió a explorar la contextualidad, de una salvación anunciada, sin embargo muchos de frente a la realidad habían intentados regresar a destiempo, pero en el intento sucumbieron y quedaron atrapados en la tela araña del tormento, derrotados, sin pasajes, y endeudados en sus países de origen, por lo que habían optados por quedarse a librar la lucha hasta descubrir que en tierras Norteñas, principalmente en los Estados Salvadores, estarían mejor que en sus países originarios porque todo lo bueno que producían los otros lugares iba para los Estados Salvadores, y aquellos que llegaron a vivir en los Estados Salvadores al regresar a sus tierras de orígenes se percataron que los que habían quedado allá, veían que los que llegaban del Norte habían progresados más que los que se habían quedados en América latina, o en cualquier otro lugar del mundo.

Muchos se desesperaron, maldijeron a sus gobernantes culpándolos de que si ellos no hubiesen saqueados el erario público apoderándose del bien común, ellos no hubiesen tenido la necesidad de abandonar sus playas.

Ahora los Estados salvadores, empezarían a pagar la cuota de su liderazgo.

Y así todos quisieron intentarlos, algunos con visas, y los depauperados, usando caminos y puentes clandestinos que daban acceso a la tierra del sol enturbiado y del amor marcado, donde la hiel sabia a miel porque las migajas de acá, eran los manjares de allá.

Debido a que se corrió la voz, más allá del esplendor, todos se noticiaron, entonces en América del Norte, se llegó el tiempo en que los Estados Salvadores se habían sobrepoblados y la abundancia del pasado ya no era la suficiencia del presente, y todo se había reducido, y apenas alcanzaba para aquellos que por mucho tiempo, habitaban aquellas tierras.

Aparecieron organizaciones con la intención de estrangular a los Estados Salvadores, y habían planeados hacerlo de forma pacífica, por lo que recurrirían a la invasión de una masa hambrienta y desesperada, y para ello habían corrido la voz, con un rumor cargado de malicia y falsedad, hasta confundir a las turbas que ignoraban que estaban siendo utilizadas con el propósito de que abandonaran sus terruños para que aquellos que andaban detrás de tal propósito, pudieran encontrar debilitados los lugares donde ellos quisieran apoderarse de minas o pozos petroleros, para hacerlo sin oposición, de manera que sobornando a los gobernantes traidores y corruptos, pudieran adueñarse de los países de su interés, como una forma de justificar y echar a andar el plan de globalización donde se instauraría el soberano que ejercería el gobierno de "la bestia".

Para tal acción conspiradora habían engañados a los pobres del mundo, los desesperaron al grado de endeudarlos, lo hicieron vender casas, tierras, vacas, y coger préstamos a largo plazo, para emprender la aventura de un viaje incierto, donde muchos morían en el camino, dejándoles la deuda al destino, o a los descendientes que aguardaban, para luego darles como trofeo una fosa común. Fue tan creíble el engaño que muchos viajaban de Asia y Oceanía para América latina, para abordar un velero para la tierra del norte de forma que pudieran integrar la caravana que con marcada intensión promovía la organización del caos, ofertando un sueño que muchas veces para alguno se convertía en pesadilla.

Ya les dije que muchos, llegaban a su destino, pero eran más, los que se perdían en el camino.

Pero sin mucho exagerar, permítanme contarles las desventuras de algunos viajeros locales de la América Latina, principalmente del caribe, de Vendina, la nación que en política exterior, se vendía al mejor postor, en ese tiempo su población no tenía la mejor protección, y la mayoría de sus políticos permitían el tráfico de influencias y con frecuencia hurtaban los recursos del erario público, lo que desesperaba a la población impulsándola a la inmigración.

Por el momento les contaremos las desventuradas hazañas de Kintina y Melibea y de Rasputo y Caputo, que aunque la historia es algo similar, se habían encontrados en algún punto, de forma circunstancial, para padecer lo que habría de acontecer, cada pareja andaba por su lado, distantes y separados:

Resultó ser que al hacerse eco de la cantaleteada caravana, cuyos integrantes partirían de distintos lugares del mundo, que habían sido convocados hacia un lugar de América Latina, conocido como tierra de Aztecas.

Kintina y Melibea, recurriendo a sus atributos corpóreos y a sus habilidades femenil, habían partidos de Vendina, la sociedad que en política exterior, se vendía al mejor postor, sin más amparo que ellas mismas y algunos dolarcillos adquiridos a base de cariños, ventas de sus prendas, y préstamos de buena voluntad.

Pero a la hora de ponerse frente a los representantes de la organización del caos, aquellas les comunicaron que sus recursos económicos ya se les habían agotados, que las llevaran sin cuidado que todo lo que se asumieras, se pagaría de aquel lado.

Debido a la radicalizada inflación que experimentó el mundo, después de la pandemia, Kintina y Melibea, aquellas doncellas, Vendicina, que eran de buen ver, que causaban pensares en sus contemplan tés, una semana después de pisar suelo colombino, se les habían acabados las limitadas divisas reunidas, con las operaciones ya narradas y que nada hacemos con repetir, pero todo se debió a la espera de los lancheros que habrían de conducirlas a la nación de los aztecas, una vez realizado el cruce de Colombia a panamá, para unirse a la caravana con destino a los Estados Salvadores.

y aparecieron quienes se atrevieran a salir tras del sueño indescifrable, y aquellas y otros, no fueron indiferentes a lo que decía la gente, "que si lograste llegar, tu vida te vas a cambiar".

Sin muchos preámbulos, los esperados viejos lobos del mar, aparecieron enterándose de los pormenores, pero al ser aquellos hombres de mundo, optaron por dejarse convencer, y acordaron depositarlas en la nación Azteca, pero una vez allí, tampoco habían logrados reunir el dinero, pero las esperanzas sucumbieron cuando se les sumaron Caputo y Rasputo que tampoco tenían el dinero, pero el sueños se tornó pesadilla cuando llamaron a los familiares de Kintina Y Melibea, Melibea había logrado superar el estrés porque su familia estaba dispuesta a pagar los cinco mil dólares en los Estados Salvadores, por lo que optaron clonar los documentos de una ciudadana de los Estados Salvadores, con el mayor éxito, y les fue fácil entrarla por avión, sin que fuera detectada.

Sin embargo, no sucedió igual con Kintina, Caputo, Y Rasputo, cuyos familiares respondieron que ellos eran trabajadores de factorías y que lo poco que ganaban apenas le alcanzaban para comer, y pagar la renta, que "¿de dónde iban ellos a sacar cinco mil dólares?".

Entonces los tres carentes de fondos fueron violados y sodomizados, además fueron usados como mulas para introducir drogas de la nación de los Aztecas, a los Estados Salvadores.

Una vez cumplido el objetivo con el cual quedaba la deuda saldada, aquellos habían sido soltados a su suerte en Texas, de donde cada cual acordó llamar a sus familiares que precisamente residían en distintos Estados, para no volverse a ver el rostro de nuevo, ya que el trauma asumido no les permitía verse sin recordar aquellas desventuras vividas.

Caputo y Rasputo se fueron para Kentucky, mientras Kintina, pidió limosna por dos semanas hasta reunir el pasaje de un autobús, para la ciudad Santuario, al llegar donde unos primos, dos días después les habían conseguido un empleo en la factoría donde ellos trabajaban, pero tres meses después, al salir de la factoría, había sido capturada por migración y deportada a Vendina, donde llegó tan traumatizada, que sólo decía:

-----"A mí no me hablen de volver a salir de aquí, es más la sal que el chivo"------ Decía.

Por muchos años estuvo en manos de Psicólogos, hasta que logró superar las condiciones afrontadas.

Un tiempo después había sido grabada en una conversación donde un burlón le preguntaba que, qué ella creía del sueño de los Estados Salvadores, y ella alegó que: en la ciudad santuario habían muchos de los que procedían de vendina que estaban hablando con" los postes del tendido eléctrico".

¿Còmo asì prima? le insistìa el agitador.

"El problema es que en la ciudad santuario hay muchos Vendicianos, que creían que aquello era otra cosa, y que llegarían a recoger dinero, y cuando comenzaban a trabajar, al ver que lo que ganaban no le alcanzaban para pagar las facturas,(los viles), se ponían locos, y empezaban a hablar con los palos".

En ese tiempo todo se agudizó cuando la organización del caos se había dispuesto a contratar a distintas personas en América Latina, percatándose antes, que quienes abordaran la caravana de la "esperanza", fueran de los más pobretones del área, y aparecieron quienes se atrevieron a salir sin tener con qué comprarse ni una torta en el camino, pero también habían seres como Jesús Benavente, con más coraje que barbarie de origen Venidselano, se había auto- inculpado trasplantando tres platitas de marihuana, que con orgullo le había mostrado como un trofeo de guerra, a un ex – amigo, quien ipso facto, lo denunció con los comandos protectores, quienes en menos de lo que sopla una brisa le habían arrancado las plantitas, enviándolo a la cárcel por cuatro años.

Durante ese tiempo de estadía carcelaria, pensó que el mundo se le vendría encima, pero ignoraba lo que realmente le esperaba.

Justo al cumplir su confinamiento, recibió la noticia de que se estaba formando una caravana rumbo a los Estados Salvadores, donde habría una mayor oportunidad de sobrevivencia, Jesús Benavente, no lo pensó dos veces, e ipso facto se apoderó de un.

Jeep que por cuatro años había tenido guardado le puso un letrero de "se vende" y sin discutir año ni ventajas, se lo vendió al primer ofertante por la suma de dos mil dólares, y junto a sus tres hermanos, se encaminaron recorriendo el camino hacia la caravana, de Venídsela, se desplazaron por la selva del Darién en la proximidad del Amazona, hasta llegar a Nexcoli, donde montarían una lancha rumbo a Panamá de donde continuarían el viaje juntos a otros que también se fueron sumando para integrar la caravana, sin embargo la trayectoria no era nada fácil, muchos morían de cansancio en el camino, los cadáveres formaban puentes al transitar y muchas veces había que patearlos y removerlos con los pies, para evitar andar sobre ellos, hasta llegar al campamento de la montaña "mamá llorona", aún en el Darién en la frontera de Colombina y Paramá, al centro de esa jungla florecía entre la vegetación, un bloque vegetal que debido a la complejidad de esta selva fronteriza con 575000 de tareas de extensión, eran muchos quienes quedaban varados o muertos en el intento.

Tal vez por su composición pantanosa, el Darién era nombrado el "infierno verde" Se decía en ese entonces que el paso de inmigrantes por la selva del Darién, se encaminaba a romper todos los esquemas, por la frondosidad de su vegetación, la cual se nombraba como el tapón o "mama llorona, esa montaña al centro del camino, donde el que no sabía , por fuerza tenía que aprender a escalar, porque para cruzar de un lado a otro era necesario amarrarse para escalar, y después soltar cuerdas para bajar, porque tenía una densidad de 7.54N 77.28'0, como ya habíamos referido, aquella montaña se encontraba entre Colombina y paramá, y sus viajeros para sostenerse en su trayectoria, solían consumir caramelos, y tomar agua de azúcar.

La organización del caos, sustentadora de la caravana a la que más tarde se sumarian los hermanos Benavente, tenía planeado formar una especie de mafia delictiva, una vez sus integrantes llegaran a su destino, sin embargo, no era tan fácil como aquellos lo habían planificados.

A pesar de que muchos morían en el trayecto, a los facinerosos que habían planeados tal caravana, nada le importaba, porque entre ellos habían policías, funcionarios estatales y de diversas ciudades, que se habían sumados a tal aventura. Por lo que habían salidos a triunfar o a morir, obviamente, ellos ignoraban que estaban siendo arreados camino a una descontrolada odisea, bajo promesas engañosas que al verse de frente la realidad, comprobarían que lo que acontecía no se parecía ni en la mínima expresión a la sombra de lo que les habían ofertados, ya que el propósito de aquellos se fundamentaba en crear caos y presión internacional usando a quienes en la ceguera de la ignorancia, carecieran del conocimiento sobre el propósito de la causa.

La organización del caos, en su afán de presionar y generar problemas en los Estados Salvadores, insistía en financiar al partido del pueblo, por ser el partido que aparentemente tenía más inclinación a favorecer las acciones de sus propósitos, por lo que aquel permitía que en su gobierno la organización del caos, hiciera todo lo que deseara sin ser obstruida.

Debo aseverar que debido a tales permisibilidad, la economía de los Estados Salvadores, había empezado a flaquear, sosteniéndose con serias dificultades, al grado que muchos en la intensión de no estresarse solían decir : " Ni con saltito el gatito vuelve a atrapar al pollito, y es que la pava no pone, a donde a ponía".

Pues como les había referido, la caravana que salió como gitanos y que había sido financiada por la organización del caos, llevaba un rumbo fijo, Los Estados Salvadores.

Algunos de los que habían logrados llegar habían sido recibidos por algunos Estados, que pensando en el peligro económico que podía resultar para ellos, no tomaron en cuenta que lo correcto era autorizarlos a producir para sanear la economía y levantarla con la presencia de los recién llegados, antes que se perdiera el control, y se convirtiera en un mal peor como era la delincuencia, ya que tanto el hombre serio y bueno, como la mujer casta, cuando no había comida, tenían dos opciones, o se morían o rompía su credo de seriedad, convirtiéndose en un problema social, entonces algunos gobernadores, considerando estos parámetros los habían despachados para otros lugares dentro de la nación con mejores oportunidades y comprensión, específicamente, a la ciudad santuario.

No era un secreto de que en ese entonces la economía de los Estados Salvadores, giraba sobre el papel moneda, porque ya carecía de la reserva en oro que garantizara la estabilidad de una economía sólida, como solían tener algunas naciones de la talla, la envergadura y la fama de los Estados Salvadores.

Los afortunados de aquellos integrantes de la caravana, aparentemente fueron los que cayeron en manos de las autoridades migratorias de los Estados Salvadores, que obviamente habían sido favorecidos, pero aquellos que quedaban en manos de la organización del caos, habían sido asignado a labores de mil usos, como venta de flores y agua en los semáforos, prostitución, conducir coches sin tablillas para causar accidentes, robos, servicio de sicarios etc. Entre otros renglones de la industria de la sobrevivencia.

En cambio, aquellos, habían sido enviados a la ciudad santuario, donde los habían alojados en hoteles y refugios, cuya confortabilidad de estadía les había durado poco, dando pies a una crisis migratorias, donde muchos de los recién llegados habían empezados a suicidarse, y la ciudad santuario a quejarse acerca de su limitada condición económica para hacer frente a las necesidades de los inmigrantes.

Entonces, en ese tiempo la recesión económica, y la falta de fe de la ignorancia, habían dado pies a una ola de robos, casi en todo el renglón del quehacer, que iban desde robos a joyerías, asaltos en trenes y en las calles, y asiduos abusos de los más fuertes contra los más débiles.

La violencia se había incrementado en la ciudad santuario, al grado de que la población se encontrara aterrorizada a los niveles de anhelar una especie de cambio silencioso.

La organización del caos, tenía infiltrados en el gobierno, en las aseguradoras, en los talleres de mecánicas, en los comercios, lo que había dado paso a que en una ocasión cuando se había acercado la navidad, cuando ya el gobierno había confirmado la recepción, la organización del caos había reclutado a un grupo de comerciante mayoristas y detallistas de productos comestibles, para avisarles de la necesidad de un incremento de los precios de la canasta familiar, y al aproximarse la navidad entre ellos comentaban" Hagamos la navidad, en el modo de robar, cobrémosles mas allá, de lo que puedan pagar".

Y todo se fue haciendo un caos, a los niveles que ya la gente había empezado a pasar hambre, sobre todo, cuando no había cupones de alimentos, de los que suministraba el gobierno a las familias con niños, que no tenían otros ingresos fuera de esos.

Tal escases, aceleró la violencia en los Estados Salvadores y tal Violencia, se había expandido a distintos lugares del mundo, era algo así, como acciones de incontrolables dolores.

La organización del caos no cesaba de fraguar maldades, buscaba generar caos que forzaran a los estados a responder económicamente, frente a ciertos flagelos, y debido a que Jesús Benavente había ingresado a los Estados Salvadores a través de la caravana, y había sido acogido en la ciudad santuario, se casó con una chica que le gustaban los "gigolos" o como decían en la "América del patio" los "chulos." Y es que aquel, a bien decir de su esposa, era de "buen ver, y le gustaba soplar la pecera."

A su llegada Jesús Benavente poseía 27 años, estatura cinco diez, de tez clara y nariz perfilada, una sonrisa que atrapaba a las chicas desconcentradas, que sin mucho pensarlo cedían a ser amadas.

El caso fue que Julissa de Oregón chica española de origen madrileño, nacida en los Estados salvadores, había cedido gustosa a casarse con él, haciéndole documentos de estancia, una vez realizado el matrimonio Jesús comenzó a trabajar, en una ensambladora de paraguas al tiempo que juntos a su esposa reportaba sus impuestos, y por su buen comportamiento allí y su dedicación se había ganado el cariño del señor King, el dueño de la compañía a tal grado que lo había puesto en su testamento, como uno de sus herederos.

Pero Knox, el hijos de King, que formaba parte de los que financiaban la caravana de inmigrantes, se había percatado de que Jesús, era uno de los que ellos habían traído en la caravana y se le había escapado sin someterse al trabajo esclavista que ellos solían ofertar a tales viajeros, y a pesar de que Jesús ya era un ciudadano de los Estados Salvadores, a Knox no le importó, pues él pensaba que los estados salvadores era una nación de todos y de ninguno porque con el hambre de dinero que traían los inmigrantes, nadie sabía quién vendería a quien, al mejor postor. Knox pensaba que en la tierra de leche y de miel, solían generarse la lucha de todos, contra todos, donde los que se mostraban amigos, podrían ser enemigos encubiertos, porque algunos tendían utilizar a otros para sus beneficios, y quien conspira, no es amigo.

Entonces se dedicaron a perseguir a Jesús Benavente, de manera que él, abandonara la ciudad santuario para que no reclamara lo que le había dejado el señor King, dueño de la fábrica de paraguas donde Jesús trabajaba, y que unos años después antes de morir, pidió que la cláusula del testamento que favorecía a Jesús, fuera cumplida.

Pero a pesar de tal petición, Knox trataba de no cumplir la voluntad, de su padre, pero debido a que el testamento era legal, y no había manera de impedir que Jesús cobrara lo que le había dejado su jefe, el difunto señor King.

Knox había recibido la orden de la corte de hacer entrega de un millón de dólares que Jesús, le había heredado a su patrón, pero como Knox entendía que un millón era un millón, se había propuesto no hacer caso al mandato de la corte, cayendo en desacato, y debido a que Jesús se había hecho transportista independiente haciendo delibere en un almacén de comestibles, y el gobierno que vivía vigilando si sus órdenes eran cumplidas, Knox temía que Jesús haciendo tal trabajo, se percataran que la orden de la corte no se había cumplido, por lo que la organización del caos en acuerdo con Knox, y la aseguradora del lagarto, intentaban sacarlo de circulación, para evadir el pago.

Debido a que Jesús había hecho una clientela que siempre que necesitaban sus servicios lo llamaban y él le hacía el trabajo solicitado.

Los representantes de la organización del caos, con muy buenas relaciones a nivel empresarial, que se habían percatados de los movimientos de Jesús, constataron a Gavina, una de las clientas de aquel, para que aquella lo condujera por un camino donde el pudiera ser defraudado, y en esa ocasión uno de los facinerosos al servicio de la organización del caos, en uno de los carros más costosos de Alemania, con nombre de mujer, sin tablilla ni identificación visible, seguido por la policía lo impactó en la parte delantera del lado del pasajero y se fugó, pero debido a que la policía andaba detrás de él, aquellos se detuvieron y escribieron el reporte del accidente, a veces algunos de esos carros eran conducidos por seres atrapados en cuerpos adversos a sus esencias, se sentían mujeres siendo hombres, o hombres siendo mujeres, y muchas veces por temor a la reacción de la sociedad, a la reacción de la opinión pública, preferían mantenerse silenciados, y otras veces resentidos, por el rechazo social del cariño que ellos profesaran.

Las pruebas del tormento lo habían fustigado drásticamente y unos días después de aquel percance, en una noche obscura y bajo la lluvia, se le había atravesado otro carro de color negro y con las luces apagada, con más fachada del coche de Drácula que un auto normal, y Jesús le pegó en una puerta, por lo que algo indignado, se bajó del carro y le dijo:

- Hijo de mala madre, por qué chócate mi carro?

El que se atravesó sabiendo lo que había pasado y temiendo una reacción adversa a su propósito, guardó silencio, y Jesús le pidió que lo siguiera y se alejaron del lugar donde aconteció el hecho, Jesús entregó un delibere a una señora que lo esperaba fuera del edificio y una vez, había concluido se puso de acuerdo con el individuoy debido a que se había reportado al seguro el accidente, anterior ocurrido el 2 de noviembre, tuvo que abordar acuerdo con el individuo del carro negro y pagarle los arreglos de su bolcillo.

El accidente había ocurrido un viernes diez de noviembre, y el individuo del carro negro y él, no volvieron a comunicarse hasta el martes 14 de noviembre, y Jesús lo condujo donde el desabollador, luego lo acompañó a comprar una puerta que con todo e impuesto le salió en ochocientos setenta, más la mano de obra que fue tratada en ochocientos.

Entonces el individuo del carro negro sentía que le remordía la conciencia y le ofreció devolverle una parte del dinero gastado.

Porque el individuo del carro negro había sido enviado por la organización del caos, que seguía a Jesús a todas partes, cuando el individuo del carro negro le hizo la propuesta, Jesús Benavente le respondió:

---- Gracias, pero soy un poco difícil para hacer amigos, porque la mayoría de los que fingen ser mis amigos, se acercan a mí, con una segunda intención.

Aquel guardó silencio, y al otro día miércoles 15, el desabollador entregó el carro y no volvieron a comunicarse.

La organización del caos, tenía suficientes emisarios a quien encargarles sus trabajos sucios, ya Jesús Benavente había padecido lo suficiente con ellos, porque antes de esta Van roja que estaban tratando de destruirle, ya le habían dañado una Jeppeta negra asiática que Jesús tenia, y con tanto sabotaje y sobornos le dañaron la transmisión y uno de los adeptos de la organización del caos, al que llamaban Villano le recomendó un mecánico, y Jesús ignorando que era una trampa, le prestó atención y la llevó a donde William Bory, que había sido el mecánico a donde había sido referido.

Le abonó ochocientos dólares a William Bori, y desde entonces, habían pasados cuatro meses y él se ocultaba para no tener que darle cuenta cuando Jesús llegaba a reclamarle.

El caso fue que William Bori, el mecánico resultó un bandolero de los más bajo, que obedecía a las órdenes de la organización del caos, fue entonces cuando Jesús adquirió la Van roja, antes la negativa del mecánico aparecer, a entregarle el vehículo.

William Bori era un mecánico de patio que tenía fama de cierta calidad, pero había sido contratado para, ponérsela difícil a Jesús, y por ahí andaba todo.

Ellos no querían que Jesús trabajara, por eso le habían infiltrado a una serie de delincuentes, para que lo hicieran abandonar el lugar, y la razón de que Willian bori le haya secuestrado el vehículo obedecía a ese propósito, que no encontrara donde trabajar, por eso Jesús compró la Van, y al ser chocada con todas las bolsas de aire explotadas, la llevaron a un garaje de un judío, que le pedía de favor a la aseguradora del lagarto para que pagara el parqueo donde había sido acarreada la Van con las bolsas de aire explotadas, ya que la aseguradora intentaba manipular a Jesús, para que lo pagara él.

Facilitando que el seguro se desentendiera, de la perdida material para hacer que aquel quedara arruinado y endeudado.

Pero aun así, al no ser ellos más inteligentes que Jesús, aquel buscó un abogado que asumiera el reclamo de los daños causados al vehículo.

No obstante el abogado le recomendó que para que no tuviera que pagar el garaje de su bolcillo, que permitiera que idan el hombre del garaje yonqueara la van, que luego el, reclamaría el pago al seguro, junto a las heridas sufridas.

No obstante, debido a que la organización del caos, contactaba a todos los que intentaban sostener una amistad con Jesús, o ayudarlo en su propósito, y los sobornaban para que hicieran lo que ellos dispusieran que perjudicara a Jesús, pues se había empezado a tejer una aureola silenciosa donde hicieron participe hasta a la secretaria de la terapia, que un día mostraba una postura y otro día otra. De todos modos estaban tratando de que la herencia que el señor King le había dejado, cubriera los beneficios de los accidentes que le habían causados, para que la conspiración, el robo, y las fechorías, quedaran justificados.

Permítanme especificarles con detalles lo que aconteció antes de lo narrado:

Durante ese periodo y a lo largo del proceso, Jesús continuaba haciendo delibere, y era seguido por donde él se movía Y era tanta la maldad de los facinerosos que veían donde Jesús se parqueaba para aprovechar la obscuridad de la noche para banda lisarle el vehículo y robarle cualquier propiedad que Jesús guardara dentro de la van, obviamente, en ese entonces ya se había reducido el poder de la policía, y aquellos, habían quedado a merced de los delincuentes.

Un día le enviaron a una pareja a solicitar su servicio, y Jesús acordó servir a la pareja, al tiempo que la organización del caos lo había mandado a seguir, por lo que mientras Jesús ayudaba a bajar algunos paquetes livianos, apareció uno de los hostigadores que había enviado la organización del caos, y empezó a tirarle fotos con un celular, por lo que Jesús se vio movido a cuestionarlo.

---- Oh, veo que me estás haciendo fotos, con qué propósito? Cuestionó Jesús.

Mientras lagarto Prix, que así se llamaba el tunante, respondió con aire intimidatorio:

------ ¿Tú me conoces? A ti no te importas el por qué yo estoy haciendo esas fotos   Dijo lagarto Prix.

Jesús quiso guardar silencio, pero como Lagarto Prix, persistía con su actitud belicosa.

Jesús le respondió:
- Te entiendo, pero en mi caso, yo que he sido perseguido no creo favorable que me tomes fotografías; Dijo Jesús Benavente.

Lagarto Prix, se le aproximó un poco más, en actitud belicosa, pero Jesús se mantenía sereno, más calmado que un suero goteando.

Jesús fingió retirarse cambiando la posición del carro que estaba de frente al sur, poniéndolo de frente al norte, se encaminó frente al semáforo y se detuvo a esperar que cambiara de rojo a verde, aprovechando para hacerle desde lejos algunas fotografías distantes a lagarto Prix, lo que no fue de agrado para aquel, que al percatarse de lo acontecido, corrió hacia donde estaba Jesús, furioso y dispuesto a atacarlo, pero Jesús que lo vigilaba por el espejo retrovisor le mostró el dedo del medio, lo que trastornó más a Lagarto Prix, intuyéndolo a cruzar la calle con la luz en verde sin percatarse que detrás de él, se aproximaba un vehículo a toda prisa sin darle tiempo a frenar, impactó a Lagarto Prix, haciéndolo volar por los aires cayendo rotundamente sobre el pavimento, muriendo al instante, al tiempo que Jesús que había visto lo acontecido, acelerara y se fuera, para no verse involucrado en nada.

Pero ahí no se detenía la conspiración, porque tres días después, había Jesús parqueado la Van en un lugar donde uno de los enviados de la organización del caos que lo seguía, después que Jesús se había ido, lo chocó por maldad, del lado izquierdo del chofer, en el vomper de atrás y creyendo que se iba a salir con la suya, se fugó, pero tres bloque después el carro que conducía, cogió fuego y explotó, debido a un corte circuito que le produjo el choque con la van de Jesús. Algunos solían preguntarse con quien tenía pacto Jesús que todo aquel que le hacia una maldad, se auto-condenaba.

Algo había cambiado en el sistema, se estaban criminalizando a los inocentes, y rindiendo honores a los delincuentes.

Una pandilla de facineroso se movía detrás de Jesús, aquel necesitaba desplazarse con mucho cuidado para evitar que sorpresivamente cruzara alguno delante de él y en vez de ser ellos quienes lo chocaran por detrás, fuera el quien lo chocara a ellos por detrás, porque en más de una ocasión lo habían hecho, mas por el regocijo de dañarle el carro a Jesús para que aquel dejara de transitar las calles, que por beneficiarlo, porque si era Jesús quien lo chocaba a ellos, el seguro le daría una pronta repuesta antes que la que solían darle a Jesús, dando la impresión de que como Jesús era in- manipulable, aquellos querían vengarse de él, de manera que no se notara que detrás de cada acción contra él, se encerraba una maldad.

Pero aquel traía la fortaleza del espíritu, y no siempre podían aceptarle el golpe, amén de que contaba con la protección de Dios de una manera formidable, por lo que, quienes conspiraban contra él, cada día estaban más frustrados. Porque con los hijos de Dios, nadie podía, salvo que Dios lo permitiera como una prueba de fortaleza y enseñanza.

¡Cuántas hipocresía, contra la vida mía! Pensaba Jesús. Iban detrás de, él pero debido a que Jesús, se detenía y bajaba del vehículo al darse cuenta que lo estaban siguiendo, ellos para que aquel no le viera el rostro, doblaban en U y se devolvían, siendo esa la osadía de cada día.

Pero permítanme continuar con lo acontecido, y cuantos intentos más, tuvieron antes de llegar al punto de que les reventaran las bolsas de aire a la Van.

En su afán de conspirar Knox, y la organización del caos, habían constatados a dos personas que solían solicitarles servicio a Jesús, y a las cuales él le tomó confianza, ellas eran Monda y Mandí, madre e hija, y la hija mandí, era madre de Velo, nieto de Monda, la cual amaba a su nieto, que tenía 15 años, la organización del caos les ofreció regalos generosos a todos , pues ellos necesitaban sacar a Jesús Benavente de circulación, le habían intervenido el teléfono, habían constatado a la telefónica a fin de que le instalaran llamadas silenciadas de manera que aquel no escuchara cuando lo llamaran y perdiera negocios, le tiraban policías de los que le servían a ellos, para que le escribieran tiques injustificados, pagaban a otros de los que hacían delibere para que hicieran burlas de mal gusto de forma que Jesús no la tolerara y acabara batallando a puñetazos con aquellos, su propósito era desacreditarlo y acercarlo a la locura, a ver si aquel caía en un proceso de enojo y mataba a alguien para que fuera a la cárcel para ellos salirse con su trama, pero ellos ignoraban que Jesús era fuerte, de alma corazón y espíritu, y estaba sustentado por Dios, por eso ellos no podían con él, pero tampoco querían cansarse o darse por vencido, pues como les decía, un día la organización del caos le hizo una oferta a Monda y su familia para que invitaran a Jesús a recogerlas, en un hotel, fuera de la ciudad santuario:

Jesús se sorprendió al darse cuenta que aquellas estaban vestidas de arrabaleras en infraganti cotidianidad, las cuestionó, pero ellas les dijeron que hacía mucho

que habían apartado un paquete para ir a la piscina, y le hicieron una historia cruda que Jesús no se la tragó, pero le siguió el juego.

Debo advertirles que antes de Jesús llegar donde ellas se encontraban había atravesado por una especie de odisea, el espíritu le había bloqueado el encuentro, pero Jesús porque había dado su palabra insistió, y hasta una patrulla de policía lo escoltó, pero lo condujo a un hotel diferente, aunque del mismo consorcio, pero Jesús insistió e insistió, hasta que el espíritu lo soltó y allí había logrado aquel, llegar a donde ellas lo esperaban, entonces al salir del hotel se desplazaban en silencio y veinte minutos después de emprender el viaje apareció una camioneta pesada produciendo un choque por detrás de forma tal que aquellos se removieron al instante, abuela y nieto guardaron silencio, pero Mandí que era la más evidente, de una vez empezó a quejarse dramatizando la escena y diciendo que le dolía y que iría al hospital e insistiendo con Jesús para que le mandara la información del carro de él y del otro entonces al ver Jesús la insistencia que aquella tenía, le dijo que la llevaría al hospital, pero ellas acordaron pasar por el

banco de los libertinos a donde aparentemente le habían hecho un depósito, Jesús las llevó y luego la dejó en sus casa a donde comieron y luego, llamaron una ambulancia y se fueron al hospital, todos habían llegados al mismo hospital, ellos tres estaban en una sala y Jesús en otra, pero estaban comunicados por teléfonos. Antes de abundar en los detalles, permítanme hacerle saber que debido al propósito de la organización del caos, de tener a Jesús ocupado, ese viaje estaba tan programado que tres días antes, mandí había llamado a Jesús para asegurarse de que iría a recogerla y se introdujo de la siguiente forma:

---- Hola, amigo, yo estoy en el Garden Hotel y quiero que vengas a buscarme el lunes a las once, trata de estar a tiempo.

---- Oh, por qué no cogieron un taxis, tú sabes que yo no soy taxis verdad?

Si, lo sabemos, pero mami me dijo que para darle ese dinero a un taxis que mejor te llamáramos a ti, y así lo recibes tú… Te vamos a dar cien dólares, que te van a hacer bien.

Jesús se sintió tentado, y sin más preámbulo fue por ellos, ya les hable acerca de los obstáculos que tuvo que atravesar aquel, antes de encontrar el lugar donde ellos se encontraban.

La mandí no cesaba de insistir en que Jesús le enviara la información, entonces ellas querían tomar terapias, incluyendo el nieto de quince, Y Jesús habló con una clínica donde en otra ocasión él había estado tomando terapias, pero ellas no quisieron tomarla ahí, pero Monda, la madre de Mandí en un momento de emoción le dijo a Jesús:

------- Ya el dinero va a venir! y Jesús, les dijo:

- El asegurado soy yo, y si ustedes se sienten mal por algo que supuestamente les ocurrió dentro de mi carro, lo correcto es que yo lo lleve a donde yo conozco, porque no pienso dar mi información a particulares, y menos ahora que hay tanto fraudes, porque lo que se piensa es que ustedes estaban combinados con los que provocaron ese accidente, para generar una acción fraudulentas dentro de mi carro, la información que le entregaré será la del carro que nos chocó, no la mía, porque ya ustedes tenían todo previsto, y si intentan aumentar el seguro, no será a ustedes, sino a mí. "Es bueno que entiendas que a mí me usa quien puede, no quien quiere" Dijo.

Monda y velo guardaron silencio, pero mandí quiso protestar, sin embargo no pudieron procesar su propósito, Jesús y ellos no se comunicaron más.

Se descubrió que aquellos habían sido mandados con el propósito de utilizar a Jesús, pero aquel, no se dejó, los casos que la policía reportó beneficiaron a los involucrados, sobre todo a Jesús que resultó no culpable de ninguno, a Knox,

que era una especie de sádico que alimentaba su ego con el dolor ajeno, le frisaron la cuenta de la herencia por un año por desacato a la corte y se vio precisado a pagarle los doscientos mil de la herencia a Jesús Benavente, cuyo dinero cambió la vida de él y su familia, por lo que aquel, orando en voz alta decía:
No permitas señor que mi corazón sienta miedo, ayúdame a tener la valentía, para poder vencer cada día.

El cuatro de diciembre, una vez más, la organización del caos, había enviado otro emisario con Jeepeta blanca de la misma marca alemana, con nombre de mujer, mientras Jesús se desplazaba de norte a sur al intentar doblar a la izquierda hacia el este, el pigmeo que conducía la Jeepeta con nombre de mujer, aceleró como un enfermo descontrolado estrellándose contra el vehículo de Jesús, la misma Van roja, los accidentes anteriores como les había dicho, habían sido del lado del pasajero primero adelante, luego atrás, y ese nuevo del cuatro de diciembre en la puerta de atrás del lado del pasajero, pero en esta ocasión sí, habían completados la misión de declararlo pérdida total, ambos vehículos habían quedados destrozados, pero gracias a Dios, la tripulación ilesa, con heridas leves, otra mujer que en esa ocasión acompañaba a Jesús, cuando el carro recibió el impacto, inmediatamente ella se salió y dijo.

-No puedo ir al hospital.

Se salió del carro y desapareció, antes de irse Jesús le había dado su tarjeta de negocio, el pigmeo que conducía el vehículo que produjo el accidente, con todo el esplendor de su malicia, salió del carro otorgó a Jesús una sonrisa burlona, y haciéndose la víctima se había ido en la ambulancia porque disque le dolía la cabeza, a Jesús el personal de la ambulancia quiso forzarlo a irse al hospital, pero él dijo que hasta que no llegara la policía él no se movería, esperó, y después de dos o tres llamada, apareció una patrulla que indagó cómo aconteció el accidente para poder hacer el reporte de policía, un pariente del pigmeo dio la versión de lo que el entendió que sucedió, y Jesús dio la de él, el policía que los cuestionó era un asiático de origen hindú.

Más tarde Jesús se encaminó a la emergencia del hospital presbiteriano que estaba a unas cuadras de allí En todos los accidentes causados a la van de Jesús estaba involucrada la aseguradora del lagarto, cuyos emisarios, habían sido infiltrados como agitadores que buscaban la manera de presionar y manipular a Jesús para hacerlo parecer culpable, pero Jesús le decía, a mí me chocaron, yo no fui quien chocó, por lo tanto, no hay manera de que yo sea culpable, no es mi culpa de que los delincuentes operen vehículos asegurados por ustedes, y todos los accidentes que me han provocados resulta ser que la mayoría son mandados a provocar con conductores asegurados por ustedes, aunque también yo use su a seguranza, pero a mí me chocan, yo no choco.---- Les decía Y cuando trataban de tornarse necio, le agregaba:

----- Es más, hablen con mi abogado Y les colgaba el teléfono.

Pero eso solía acontecer, cuando ambos vehículos envueltos en algún accidente tenían póliza con la aseguradora del lagarto.

Debido a que todo obedecía a una conspiración donde hasta al encargado del garaje donde se había llevado el carro había sido involucrado, de manera que aquel también insistiera en decirle a Jesús que trate de sacarle el carro rápido de allí, porque el seguro decía que el enano tenía un diez por ciento de culpabilidad, y Jesús un noventa por ciento, pero Jesús insistía por su lado en decir que a él lo chocaron, que él no chocó, y que una muestra de eso fue que el golpe recibido por su carro aconteció en la puerta de atrás del lado del pasajero, después de haber doblado, entonces para calmar la burla de los conspiradores, el recurrió a una abogado para que hiciera que el seguro del enano que era de cobertura total, y que era el mismo seguro que tenía Jesús, le resolviera los daños al vehículo chocado.

Debido a la radicalidad de Jesús, aquel había empezado a ser querido por muchos, y odiado por otros, pero él se auto-sostenía en la expresión de que no "era moneda de oro", para ser querido por todos.

Entonces, dijo aquel en su voz:

"Por esos centavitos que tenían que entregarme, no me dejaban ni respirar, tanto así, que hasta la seguridad social me quisieron negar, y cuando fui a reclamar, me percaté que hasta la fecha de nacimiento me quisieron cambiar y habiendo yo nacido un siete de agosto, me querían hacer admitir que yo había dicho que mi nacimiento fue, en marzo siete, y me pidieron documentos que yo había entregado treinta y tres años atrás, y como ellos los tenían en el archivo de la inmigración, me negué a llevarlo, negándome la solicitud del retiro.

- Tiene que traerme un certificado de nacimiento original de vendina, y el certificado de naturalización de los Estados Salvadores, Si te retiras este año vas a perder ocho mil dólares anuales, espera un año más Dijo la señora Billini, oriunda de vendina, nacionalizada en los Estados Salvadores.

------ Ya yo trabajé, es tiempo de mi retiro Dije.

------ Vas a perder ocho mil dólares anuales   Insistió la señora Billini.

------- No importa, yo no amo el dinero como lo aman los demás Reiteré.

Entonces, me especificó:

-   Si no traes los documentos requeridos en treinta días, te vamos a dar 15 días más, y si pasan esos quince días, y no oímos nada sobre ti, entonces te mandaremos una tarjeta desechando la aplicación, entonces tendrá que aplicar de nuevo.---- Afirmó.

Unos meses después me enviaron una carta requiriéndome regresar y llevar los documentos requerido, entonces me dijeron que si gane el ano anterior mas de diecinueve mil quinientos, no me iban a dar el cheuque retroactivo que ascendía a unos tres mil dólares. Le había aplicado con suficientes evidencias que   justificaran mi razón para que no siguiera la persecución y la discriminación, aunque para ese entonces se habían contratados suficientes inmigrantes de vendina, para hacer el trabajo sucio, y aquellos por su cultura de xenofilico y   lambones, no dudaban en complacer a sus amos, aunque estuvieran violando las leyes, y hasta a sus propios paisanos los metían al medio, o les obstruían el camino del progreso, otorgándole la razón   a los particulares, aún sin tenerlas.

Por lo que sentí la intranquilidad, en mis años de tierna paz Dijo.

En realidad, Jesús Benavente pensó que la organización del caos, estaba tan afianzada en las instituciones gubernamentales, que hasta la nómina del retiro en el seguro social, la estaban manipulando para no pagarle al trabajador en retiro, el monto que le correspondía, y a muchos de los que intentaban reclamar su retiro a los sesenta y cinco, querían forzarlo a solicitarlo uno o dos años después.

El caso era que de alguna manera buscaban manipularlo y obstaculizarlo para que no se retirara antes del tiempo que ellos estipulaban.

En el caso de Jesús, él pensó que querían dilatarle el retiro con el propósito de que si le salía la herencia en el tiempo que la organización del caos, dispusiera, el pudiera reportarla como ingreso y el cheque se le incrementara, ya que después de treinta y tres años de trabajar, le adjudicaron un cheque de quinientos dólares mensuales como retiro inicial, ya que él seguiría trabajando dos años más, pero le advirtieron que si reportaba una ganancia de más de 19, 560, en el año, tendría que devolverle al gobierno dos dólares por cada dólar de lo pagado por el seguro social, por concepto de sobre pago.

Todo lo acontecido lo indujo a pensar que se estaban contratando a personas de las minorías, para que hundieran a sus propias gentes.

Era algo así, como minorías, contra minorías, por lo que él pensó en la necesidad de que el gobierno revisara qué estaba pasando con el personal del seguro social, puesto que a algunos de los solicitantes le estaban desapareciendo los anos trabajado para que el cheque del retiro le saliera reducido, para que no le alcanzara ni para comer, ni pagar renta.

Precisamente en ese tiempo dejó de respetarse la dignidad del ser humano, de forma que la organización del caos, manipulaba y confundía a los necesitados del mundo, y contrataban a los de Vendina para hacerle burlas a los de Vendina, y a los italianos ara ultrajar a los Italianos, en una ocasión se aproximó un emisario de Vendina a provocar a Jesus y acabó el, siendo avergonzado, porque Jesús le exigió que no intentara buscar chismes con él, le llamó mandadero de tercero, inconsciente, que se dejaba utilizar para causar danos a sus propios congéneres, que por dos o tres dólares vendia y ultrajaba a sus gentes 0bstruyendole el camino, de forma que cuando ya no lo necesitaran serian tirados a la calle porque los mismos que lo usaban contra su gente dejaría de confiar en él, porque quien era capaz de vender a sus consanguíneos, no era confiable porque también vendería a los particulares, los lacayos carecían de rumbo porque una vez acorralados acababan bajo el acto del suicidio.

Al aproximarme a los sesenta y seis me vi precisado a someter acta de nacimiento que comprobaran mis orígenes, ya que anteriormente me habían confundido con un italiano, siendo yo un latino del continente, por lo que inmigración había intentado deportarme para Italia, confundiéndome con un italiano que tenía mi nombre, y mi apellido.

Pero a pesar de todo, hasta el certificado de naturalización me habían retenido, y cuando quise recurrir por ayuda, hasta la agencia de la comunidad llamada Bronx defender que en otra ocasión, me había ayudado, en ese entonces usó taticas dilatorias para ayudarme a recuperar el certificado, haciendo que me sintiera discriminado, no pudiendo yo sacar mi pasaporte a tiempo para visitar a mi nieta que había nacido en España, lo que me indujo a entender que había una conspiración en mi contra con algún propósito manipulador y malicioso, ya que la señorita Mathews y Nicauri su asistente originaria de Vendina, que habían asumido la responsabilidad de lo defensores de ayudarme, después de tener mis documentos y los formularios llenos, cuando intenté obtener una respuesta se me escondían, recurriendo a un protocolo burocrático, y aunque los recepcionistas de turnos me decía que les mandarían correos electrónicos a las asignadas al caso, nunca me daban respuesta   Dijo Jesús.

Entonces cuando aquel logró constatarla Annie alegó que estaban esperando la respuesta del gobierno, y un mes después había sido convocado para que se le tomaran las huellas, pero después de tomársela Nicauri le había dicho que el necesitaba firmar sus huellas pero que tenía que esperar porque la impresora se había dañado y no se pudieron imprimir, viéndose precisado a esperar que todo volviera a su curso, según el propósito de los conspiradores, sin dejar de parodiar a Honoré de Balzac:

"La burocracia es un gigante manejado por enanos."

Después de todo, la señorita Mathews, había entregado una carta a Jesús Benavente para que la llevara al seguro social, donde le decía que ella, de los defensores trabajaba en el proceso de Naturalización, y una semana después lo llamaron para las huellas, él entendía que no había razón para enojarse, porque un capitalismo sin competencia, era opresión y explotación, pero para él, era intolerable que los que más tuvieran, se negaran a cooperar con los que menos tuvieran porque para ese entonces como lo había afirmado la biblia, se había llegado el tiempo en que "se le estaba quitando al que menos tenia, para dárselo al que más tenía", y uno de los marcados ejemplos estaba definido en la persecución de Jesús Benavente, y en los fraudes y los robos en perjuicio de los sectores minoritarios, principalmente fraguados por sectores infiltrados en las esferas gubernamentales, que de delincuentes comunes, se habían convertidos en criminales investidos de poder.

Así, aunque la seguridad social me quiso poner traba, al reclamar mis años de trabajador asalariado, después de la carta de la señorita Mathews, donde se verificaba mi edad, todo se solucionó, naturalmente, a los 66 años, me teñía el pelo y seguía siendo joven, por poseer el germen de la eterna juventud, pero aun así, aquellos que solían vigilarme de cerca no entendía, cómo ellos a los 66, estaban llenos de canas, y muchos se morían antes de alcanzar esa edad, y se preguntaban

¿Por qué, yo seguía siendo joven?

Entonces quisieron alegar, que tal vez, yo era descendiente de "Drácula," y afilaron estacas, pero otros más conscientes les dijeron que no, que los hombres de Dios, portamos la eternidad y por eso nos percibíamos más joven y saludables que los hombres del mundo".

Entonces yo, que había escuchado el discurso de Jesús, llegué a la conclusión de que todos aquellos accidentes, habían sido mandado a provocar con el objetivo de que Jesús fuera al hospital, para que allí le introdujeran una gelatina que le provocara un ardor entre los pies y el cuerpo, a fin de que Jesús no tolerara el dolor, y se viera precisado a internarse, para no dejar que aquel se retirara, sino que fuera deshabilitado y así justificar el no haber entregado el millon, que le había heredado al señor King, pero a pesar de la dilatación Jesús logro retirarse, unos días después Nicauri lo llamó para que fuera a tomarse las huellas para el certificado de naturalización, pero cuando intento de imprimirlas la impresora estaba defectuosa y tuvo que esperar un tiempecito para resolverlo.

Luego de todo lo acontecido la organización del caos se había percatado que Roco Vulcano tenia a la venta un carro que Jesús no estaba usando, y lo sobornó para crear ciertas dificultades contra Jesús, por lo que aquel intento venderle una placa para tener el carro en la calle, pero Jesús se negó porque quería cobrarle cientos cincuentas dólares mensuales, Jesús se negó a aceptarlo bajo el alegato de que el se había comprometido a vender el vehículo sin problema, y que después de decir una cosa quería salir con otra, entonces sin agregar nada más un día se presentó frente a Jesús y le pidió que el necesitaba que fuera a mover el vehículo porque del lado que estaba parqueado ese día iban a limpiar y para que no le dieran tique se hacía necesario que fuera movido, y fue mejor que ni lo hubiese intentado porque después de dar varias vueltas y no encontrar donde parquearlo, llamó a Roko y aquel le dijo que había una calle aledaña al lugar donde él podría estar en doble parquin hasta que la barredora pasara, y fue y lo hizo, pero cuando abrió la puerta e intentó salir del carro un enviado de la organización del caos que en combinación con Roko Vulcano, lo iba siguiendo mientras aquel buscaba el parqueo lo chocó y aprovechando que Roko no le había puesto los sellos que el usaba para vender los carros, quería extorsionar a Jesús para que pague, Jesús se negó y le pidió que llame a la policía para que haga el reporte, la policía duro tres horas antes de presentarse al lugar en esa ocasión habían asistido al llamado una pareja de oficiales del precinto 34m a una la llamaban Chana y a la otra Gala, aquellas hembras parecía que odiaban a los hombres, antes de llegar y después de tanto esperar ya Jesús había desistido de esperar la asistencia de la policía, e incluso le dijo a Toni el español que había sido el generador del accidente, que reparara el su carro que el repararía el suyo, pero Toni se negó , había llamado tres veces a la policía, todos creían que Jesús había cobrado el millón que le había heredado a don King, y muchas gente andaba tras de él a ver lo que podían sacarle pero una vez Chala y Chana llegaron poca acostumbradas a capturar delincuentes pero muy dadas a escribir tiques, después de indagar les dieron una página bacía a Toni y Jesus, para que ellos hicieran el reporte donde cada uno pusiera su versión, pero además como el vehículo no tenía los sellos que Roko usaba para parquear y vender los carros en la calle, le dieron tres tiques a Jesús debido a que el título de la Jeepeta estaba a su nombre. Jesús ya estaba hastiado de los abusos, al tiempo que Roko se había combinado con la organización del caos, para continuar perjudicándolo.

Entonces Jesús y Toni el español llamaron a la policía para que haga el reporte del accidente y aunque Jesús no tenia culpa de nada de lo acontecido, acabó siendo castigado por culpa de Roko, recibiendo tres tiques.

La policía es llamada para resolver un conflicto y en lugar de resolver el conflicto, genera otro.

Pero no solo el dueño había sufrido, la Jeepeta también, porque no debemos olvidar que después de recuperarla de manos de William Bori, se la pasó a Roko que la venda y aquel, por obtener beneficio, acepta soborno de la organización del caos, dilata el proceso exhibiéndola en la calle sin la debida identificación generando un día más de amarguras a Jesús conduciéndolo a afrontar por todo lo que había pasado.

Entonces viendo todo el mal causado por la policía y los forajidos Jesús pensó que la organización del caos estaba integrada por una pandilla de ladrones que intentaban apoderarse de todo lo que no era de ellos. Los deberes de su descuido, de manera que cuando la terapia le asignó a la firma de abogado los filipinos, debido a que Robert wolff el abogado principal, tenía otros de los accidentes que le habían provocados, le habían declarado el vehículo del accidente del 4 de diciembre en pérdida total, y lo habían valorado en 4, 276.08 y de ese monto alegando que él había incurrido en una supuesta negligencia en el accidente por lo que ellos solo pagarían el diez por ciento que equivalía a 427. 61, por lo que Jesús entendía que con tales alegatos estaban tratando de justificar lo injustificable, agudizando la conspiración al grado de intentar despojarlo de sus pertenencias, por lo que no aceptó aquella oferta inicial del diez por ciento porque si incurría en el error de aceptarlo, la organización del caos se apoderaría de la otra parte que a él le correspondía aceptándole la culpabilidad que intentaban fabricarle, al tiempo que en complicidad agravada también intentaban justificar el no haber entregado a tiempo la herencia que el señor King le había dejado a Jesús, quien amaba la justicia y odiaba a los corruptos, a pesar de que él, sabia, que todos en el planeta, habían escogidos la vida antes de nacer, y que por lo mismo, todo se manifestaba en función de lo que tenía que ser.

Debemos subrayar que algo extraño estaba pasando, y resultaba sospechoso que todos aquellos involucrados en los accidentes con Jesús, traían la a seguranza de la aseguradora del lagarto, incluyendo a Toni el Español, quien lo había chocado parado, ya que el carro se exhibía para la venta, aunque se murmuraba que debido a que Knox no había cumplido la orden de la corte de entregar el millón que había heredado Jesús al señor King, habían recurrido a la aseguradora del lagarto para camuflajear el fraude para que a través de una serie de accidentes lo indemnizaran con un dinero que por ley pertenecía a él, para que la industria de terapistas, médicos y aseguranzas, se beneficiaran de un dinero que se había hecho público, así hacían creer que Jesús había recibido los beneficios otorgados, democratizando el robo, cuando en realidad con tal acción simplemente buscaban desacreditarlo e impedir que aquel lograra cumplir la misión alcanzar su asignación.

Es bueno reiterar que cuando la organización del caos pretendía perjudicar a alguien, recurría a todas la bajeza, como había sucedido en esa ocasión con tal conspiración, aprovechando que Jesús había puesto ese vehículo en manos de

Roko Vulcano para que lo vendiera, cuya oportunidad aprovechó aquel para dejarse sobornar en perjuicio de Jesús, resultando ser un traidor Judaico el cual junto a su cofradía habia intentado hacer que Jesús respondiera por los tiques escritos por la patrulla que integraba "la parejita", patrulla que se suponía que iría a esclarecer el choque que Toni el español produjo cuando Jesús abria la puerta para salir del carro, y en vez de hacer un reporte de policía para lo cual fueron llamados, se inclinaron a hostigar a Jesús culpándolo de algo que él no había generado.

Debido a circunstancias de tal naturaleza, pensaba Jesús, que la policía había ido perdiendo credibilidad, debido a que se llamaba para resolver cualquier mal entendido y muchas veces acababan matando a la víctima, o perjudicándola de alguna manera, porque los niveles de conciencia y el discernimiento de la sociedad, había rodado por el suelo.

Todo era un caos de incomprensión y dolor, la sociedad se iba deteriorando, se conspiraba hasta con el respirar, el aire se iba agotando, el dolor iba golpeando, la vida fue agonizando, el rumbo se fue opacando.

Se había perdido el amor, ya nadie creía en nadie, la dignidad era comprada y pagada, con unas pocas monedas sicariaban la amistad, la gente ya no sabía, cuando la envenenarían.

Entonces Jesús en un clamor de justicia dijo:

- Ay Dios señor, ven muestras al mundo tu esplendor.

Ay Dios señor, que mueve los caminos del honor, eres bondad del corazón, y recipiente del amor.

Si alguna vez por ignorancia. Siento que pierdo la esperanza. Activas mi corazón en pleno amor.

Para entender tu gloria en el camino de la redención. Plena causa, eres tu señor, grata gloria de tu condición.

Y dijo Dios:

-Deténganse, paren ahí, si persisten en la maldad, muchas gentes se lamentará. Quiero que sean felices, pero si por su ceguera hacia la bondad, no pueden entender que los de más, deben tener paz, pues les daré una guerra, donde la sangre no brotará de mí, y donde los necios, sabrán lo que es sufrir.

Todo aquel que intente guillotinar, será guillotinado, porque el malvado, conocerá el dolor de su maldad, pero no en carne, o espíritu de otro, sino en carne y espíritu de él mismo.

Y respondió Jesús:

- Señor mueve mi camino, y atrae la bendición de mi destino.
El señor se manifestó tocando su corazón, para que entendiera, que le otorgaba el perdón, y que recibiría las bendiciones.

En cualquier circunstancia, nunca se sabe cómo es mejor, si quedándose en casa, o saliendo detrás de la aventura.

De todos modos, la vida es escogida o asignada, y aunque después de la encarnación, el hombre trate de desviarse en el libre albedrio, nadie se escapa de lo que trae asignado, y tarde o temprano, habrá de experimentarlo.
Entonces Dios se manifestó, y muchas cosas se generaron.

Acontecó que la organización del caos había quedado prácticamente desintegrada, "Dios tarda, pero no ahoga", la justicia llega en el tiempo de él. Un tiempo después, los medios de comunicación habían anunciados que funcionarios del estado y la ciudad, incluyendo policías, habían sido capturados, por robos y fraude al erario público, y que habían sustraídos fondos destinado para solucionar problemas relacionados con la pandemia, y por otros fondos relacionados con solución de necesidades a sectores minoritarios.

Una sonrisa jubilosa, se apoderó de los labios de Jesús, de algún modo el sabia, que todos los que conspiraron contra él, habían empezado a caer, entonces entendió que los sistemas de injusticias y corrupción, estaban llamados a desaparecer, de la conciencia de la población

En cualquier circunstancia, antes de lo mejor, Jesús tuvo que sufrir un largo periodo de persecución y conspiración, por la malicia y descontrol de aquellos a quien el consideraba "un grupo de locos que estaba en obsesión, careciendo de amor".

Dios es luz, y cuando alumbra, los villanos son vedados, nadie fuera de Dios se sale con la suya, aunque se creía que para el año 2053, se radicalizaría la condición de vida en el planeta, debido a que habían llegado a habitarlo, seres de alma bestiales, que inducían a los hombres a endurecerse, a fin de protegerse de las maldades de los inconscientes, que no pensaban en otras cosas que no fuera robar y abusar del poder, olvidando que al mal agradecido, algo le pasa en el camino:

Todos pagan algún día, algunos ignoraban que el Dios del planeta era un Dios de justicia, no de latrocinio, y aquellos que lo ignoraban Vivian a "Dios, rogando y con el maso dando".

New York/ 2023.

EL JUSTICIERO
INVISIBLE

*EL CIELO Y LA TIERRA ME HAN ENTRENADO,
PARA QUE NO SUCUMBA EN LA VIDA.*

Un estruendoso ruido había invadido la estancia la noche del cuatro de julio, eran fuegos artificiales que con misceláneos coloridos iluminaban el espacio sideral.

Ese día se celebraba la independencia de los Estados Salvadores y todos pensaban que los petardos de los fuegos artificiales se habían hecho dueños del contexto, pero aquel estruendo encerraba algo más secreto.

No podemos dejar de afirmar que el día había amanecido tiernamente agradable, e incluso sopló una brisa suave y refrescante.

Sin embargo, como todos sabemos, en las sociedades sobrepobladas siempre aparecían personas inclementes que buscaban y trataban de imponer la condición de terror a los de más, la ciudad Cosmopolitan, vivía tiempos de tribulaciones donde sus habitantes andaban confundidos en el camino, y sin un rumbo fijamente definido.

Era una ciudad que por la naturaleza de su nombre atraía grandes masas de inmigrantes entre los que llegaban los mansos y los cimarrones, los buenos, y los feos con todas sus manías y prerrogativas definidas.

No obstante, entre todos habían algunos que se destacaban por la maldad, principalmente uno a quien solían llamar cara de gato, que por su aspecto de felino indigno aquellos que lo miraban de frente sentían la robotización del corazón al verse obligado a tolerar la presencia del bárbaro atormentador autor de decepción e ingrata desilusión, no solo porque al reír mostraba unos colmillos producto de ausencia del dentista durante su niñez, por lo que había acumulado andanas que sólo emulaban a los gatos.

Pero permítanme agregarle que el muy tunante, también se hacía portador de un pelo pintado de rojo, y una mandíbula similar a la de un tigüere de véngala, por eso desde niño lo habían sobre nombrado con tan "digno" sobrenombre y parodiando a los felinos, le decían "cara de gato," aunque en realidad su nombre de pila era Herminio Mocato, pandillero y abusivo.

Sus ojos eran amarillentos, debido a eso, algunos decían a sus espaldas que era producto de una hepatitis crónica que acarreó durante su niñez, sin embargo el gran fuerte en su existencia era la maldad, su impiedad, por nada, se inventaba una celada donde el que no era despierto, asumía con el tormento, pues cara de gato muchas veces interactuaba para quedarse con la fortuna y las mujeres de sus homólogos.

Sus negocios solían complicarse, trabajaba como gerente de un supermercado donde había conocido a Ambrosio, y en una ocasión por lucirse delante de Úrsula, lo sacó de la sala principal

Algo grandemente extraño había acontecido, resultó ser que Herminio había alterado la vida feliz de una familia de noble y digna alcurnia, era una pareja integrada por Kundimark Dervez, y su señora esposa doña Karla dervez, por lo que Kundimark debido a su crueldad le advirtió que "ni él ni los malvados vivirían para contarlo", desde ese entonces en la ciudad de Cosmopolitan empezaron a generarse acontecimientos insólitos:

Kudimkar Dervez, solía abandonar el cuerpo, y entrar en comunicación con el Ángel Miguel, y cuando eso ocurría, su espíritu se mantenía deambulando y reforzando las labores policiales, haciendo justicia por su cuenta frecuente y constantemente, hasta que la opinión publica empezó a nombrarlo el justiciero invisible, ya que desde el momento en que él abandonó el cuerpo comenzó a combatir la delincuencia de manera prodigiosa de forma tal que los delincuentes habían dejados de salirse con la suya y la gente entre sus comentarios decía:

"Que Un espíritu desencarnado que había sido enviado del valle de los dioses con la capacidad de convertirse en todo lo que deseaba, por lo que se había convertido en justiciero, forma tal que andaba combatiendo la maldad".

Pero retomemos lo acontecido con cara de gato, aquel en su carrera acumulativa, se había dedicado a juntar dinero y se llegó el momento en que el dejó de confiar en los bancos y decidió sacar el dinero que tenía acumulado en aquellos. Y optó por guardarlo en su casa al grado de dormir rodeado de verdes, y como estaba soltero cara de gato abrazaba una almohada que había llenado de dinero y decía:

- Es mejor abrazar a una bien ganada que a una mal nacida, porque desde que te engordé, tú eres mi amada Decía cara de gato hablando con la almohada.

Como sabemos todo aquello que es del dominio público, siempre resulta como un corrientaso de la luz que se desliza de cuerpo en cuerpo, generando una extraña energía que inducia al prójimo a comentar lo que suponían y murmuraban que "si cara de gato empezó a alejarse de los tigueres del barrio, no sería por algo menor a haber conseguido dinero, y como el dinero no era amigo de nadie, pues tal vez lo tenía guardado" ya fuera porque algún golpe había acertado, y el dinero

generaba ambición, y las mujeres se deslizaban por montón y Úrsula era el mujerón que a cara de gato le inspiraba amor, y eran cómplices de ingratas

pasiones, se combinaban y hacían reventones, y robaban y asaltaban a los hombres de alcurnia.

De todas las mujeres que lo rodeaban, Úrsula era la privilegiada, como le había dicho eran socios combinados y operaban juntos para sus golpes, pero parecía que la ambición se apoderó de la porfía y cada día en desmedida emoción se le expandía el corazón, cara de gato atraía mujeres, más y más mujeres y Úrsula estaba sorprendida con la llegada de ese cambio de vida, y como había sido ella integrada al negocio; entonces un asaltante salió y la cartera le robo. Cosmopolitan se había vuelto violenta y peligrosa, el campo era la nueva opción para el alma deleitar, y quien cultivara la tierra, un bono gubernamental lo iba a acariciar, y si sobraba cosecha, el gobierno se la iba a comprar.

- Soñaba cara de gato y hasta creyó que era una pesadilla, pero se replanteó la expresión, y lo dijo en alta voz, como para ser oído:

---- Ni muerto vuelvo yo al campo, y menos para cultivar la tierra Dijo y luego pensó cara de gato.

Eso hay que advertírselo a los que creen que tropezarán con verdes mientras transitan las calles, se equivocan los que piensen así, "ya la pava no pone donde ponía" Dijo.

----- ¡Coño cara de gato, esta vaina esta del carajo Replicó Kundimark.

- Pero si eso eres tú, Kundimark, un hombre con cuarto y con un mujerón que te rapa hasta el concón, sí eso eres tú, un bendecido de Dios, que ahora llora como un niño…. ¿Qué me dejas tú a mí, que vivo haciendo pinino para alimentar al niño? Cuestionó cara de gato con cierta picardía.

La gente crees que Cosmopolitan, sigue siendo lo que era, pero ahora, el que no guaya la yuca, ya no se come el casabe…. Así que tomas notas y ponlo en tus novelitas Alegó, Ambrosio, refiriéndose a las dificultades surgidas.

- No sean tan mal agradecidos, si ustedes creen que esto esta tan malo porque no se regresan al lugar de donde vinieron?   Dijo cara de gato.

- Cálmate jabado, aún sin olvidar los grandes beneficios recibidos del país, que te vio nacer, no hay razón para silenciarnos, no podemos callar la verdad, Cosmopolitan se ha llenado de delincuentes y delincuencias, se necesita alguien que no le tiemble las manos para erradicar tal flagelo Alegó Kundimark-

- Bueno, la temática expuesta anteriormente debemos retomarla, dijo Ambrosio interrumpiendo a los disertantes.

---- De qué hablas? Cuestionó cara de gato.

- Soy partidario que cada gobernante de su país incentive la agricultura en su nación al tiempo que compren a buen precio las cosechas producidas, así sabrían cómo hacerle frente a la hambruna que amenaza, y al mismo tiempo se abastecerían de empleos a los que huyen de sus países de orígenes en busca de "una vida mejor." Dijo Ambrosio.

Estoy de acuerdo, lo que parece ser, no siempre es, no es como la gente crees que el dinero tú lo encuentras rodando por donde vas, y ellos mismos entusiasmados quieren huir de su lugar, creyendo que van a encontrar un más grato bienestar, mejor es que el que tenga su tierrita que la vuelva a cultivar, para dejar de frenar la hambruna que ha de llegar.

Inmigrar no es la solución, la solución es reforzar la moral y los recursos del país, que nadie pueda saquear el erario nacional, para que en cada lugar alcancemos a progresar, para a cada ciudadano una mejor vida dar, acabando la pobreza en el planeta mundial.

Que el vergel que se secó, se vuelva a reforestar, y que un mejor medio ambiente al planeta venga a dar, mejores administradores de la cosa nacional, que en cada país del mundo, se ponga al pueblo a votar, y la justicia
renazca en el planeta global.

En ese momento apareció Telemark el impresor del barrio a quien todos solían encargarle los afiches de convocatoria a la gente del barrio a los piquetes clandestinos con los cuales exigían al gobierno mejores condiciones de vida para la población.

Imprimía tarjetas de promoción a los distintos negocios del barrio, hasta que se volvió impresor y distribuidor de unas novelitas de amor, escritas por Kundimark, pero a pesar de alcanzar la cima económica, el muy pícaro, Telemark, estaba envidioso, y como Kundimark era muy querido, él tenía que andarse con cuidado, ya que las ventas de las novelitas habían recaudados suficientes recursos y como

un ladrón más de occidente, como decían algunos Europeos, quería robarse el monto correspondiente al autor, lo que no resultó gracioso para Kundimark, a quien no le importaba que el impresor se enriqueciera, pero el egoísmo de Telemark, superaba la ambición del dinero colectado por la venta de los escritos de Kundimark, por lo que aquel Telemark, por cada novelita le otorgaba al autor una mínima porción, es decir era tan grande la injusticia de aquel que de cada diez dólares colectado le pagaba dos al autor.

Como se sabe, hay seres que necesitan aprender, porque privando en sabios, tratan de engrandecerse con el talento de los pensadores, para acorralar a los creadores, y manipular a los roedores.

Entonces el éxito de los escritos que se habían expandidos a otras naciones, había acumulados una alta cantidad de recursos que indujo al visor gubernamental a percatarse de lo que acontecía, entonces como tenía muchos años acumulando y el gobierno exigía que le pagaran los impuestos, mientras Kundimark se iba expandiendo como autor, Telemark y cara de gato intentaban republicar las novelitas para distribuirla con una considerable reducción del precio, como una justificación para pagarle menos impuestos al gobierno del dinero recaudados por ventas anteriores, al tiempo de intentar pagar menos por los años adeudados a Kundimark, el autor y como a los lectores les gustaban sus novelitas de amor, empezaron a hacerle oferta para comprarle los derechos de autor, para así ganárselo todo ellos, porque cuando un comerciante de la cultura ofrece cien al autor, es porque ya ha colectado quinientos, y algunos autores cuando caian en manos de malvados tenían que recurrir a abogados de derecho de autor para no ser saqueados, en el caso de Kundimark, ellos habían tratados de dejarlo empobrecido, pero no pudieron porque aquel estaba protegido por Dios, quien había delegado al angel justiciero, para que supliera, a Kundimark, la inspiración del justiciero invisible, negándose a aceptar las ofertas de injusticias que le hacían sus opresores.

Debido a todo lo acontecido, los sectarios que se habían convertidos en los nuevos amigos de cara de gato y Telemark, buscaron la manera de desacreditarlo y enemistarlo con sus amigos.

Entonces resultó que el angel de la justicia, miró que en el libre albedrío, los sectarios intentaron tergiversarle la vida asignada a Kundimark, por lo que se vio precisado a intervenir, a fin de hacer justicia a su protegido, empezaron a generarse acontecimientos insólitos.

Pero antes de nadar en lo profundo, permítanme ilustrarlos respecto a los detalles de tales necedades.

Telemark y cara de gato habían acordado con los sectarios, una conspiración que diera al traste con Kundimark de manera que aquellos saqueando el carro y la vivienda de aquel logrando apoderarse de algunos de los certificados de derecho

de autor, al tiempo que trataban de influir en algunos de los empleados de la oficina de derecho de autor, a fin de solucionar con facilidad el desfalco conspirativo, para que Kundimark se quedara en el aire y los sectarios asociados con cara de gato, y Telemark, pudieran repartirse los beneficios de Kundimark, primero recurrieron con el intento de arruinarle el crédito y enviarle diversos emisarios con propuestas de negocios que incluían publicidad para las novelitas, pero la verdadera intención era debilitarlo económicamente a fin de que al momento de ellos hacerle una oferta abusiva, que aquel la aceptara sin rodeos, y como Kundimark trabajaba por cuenta propia, a los sectarios le interesaba hacerlo gastar los pocos recursos que aquel poseía, para luego ofrecerle comprarle todas las novelitas escritas, por él, para que el las vendiera por nada, para si el aceptaba ellos pagarle con el dinero que habían acumulados y que habían dejado de pagarle por muchos años, era una forma de que Kundimark a pesar de ser talentoso no pudiera crecer sino era a través de ellos, porque en esos tiempos la mafia empresarial buscaba esclavizar a los dueños del talento, a fin de que siempre tuvieran que andar dependiendo de ella.

En el caso de Kundimark, aqu ellos habían empezado a enviarle emisarios de pequeñas compañías que ellos habían admitidos en sus sombrillas corporativas, para que le hicieran ofertas de publicaciones , para ellos justificar las recaudaciones de las ventas de las novelitas de aquel que nole habían sido pagadas a el, buscando re-editarlas a través de esas pequeñas companias a fin de evadir los impuestos de las publicaciones anteriores, y retener para ellos, los beneficios de los autores, matando de tal manera, dos pájaro de un tiro.

Pues como les he estado explicando, el planeta había entrado en un penoso deterioro, donde la ética había sido forzada a desaparecer, ya nadie tenía interés de que el otro alcanzara su propósito, los ricos querían más, la clase ascendentes eran bloqueadas para que no avanzaran más allá de donde estaban, querían quitarles a los que menos tenían, para darle al que más tenia , la delincuencia arropaba las calles, y la cultura del latrocinio se movía casi a todos los niveles, comenzando por algunos políticos que querían apoderarse de los fondos del erario públicos en distintos renglones del planeta, sumándose a ello las maniobras de algunas corporaciones establecidas que intentaban destruir a los pequeños

negocios, si no estaban al servicio de sus intereses, era una lucha de todos contra todos donde se hacía necesario ser precavido porque, el dinero había conducido a muchos a perder el amor por Dios.

Los grandes consorcios se encubrían detrás de los pequeños negocios, dejándolo al principio operar libremente para luego fingir que compraban las pequeñas compañías y a través de esa compras, evadir impuestos y responsabilidades

porque una gran parte de aquella generación pensaban que robar y manipular, era el mejor deporte para maniobrar en el marco de sus sobrevivencias , y querían mostrarlo como enseñanza escolar, ya que ellos carecían de ideas de cómo crecer decentemente, y en el marco de sus corrupciones, seguían tratando de infiltrar personas dentro de la oficina de derecho de autor, para apoderarse con la ayuda de estos, de los derechos de los autores, y habían designados agentes globales que estuvieran al tanto de cuando alguien escribiera una novelita para ellos apoderarse y usar la misma temática y cambiarle el título, y publicarla como de ellos, y venderla en otros continentes sin pagarle los derechos del autor, de manera que sólo ellos se beneficiaran con las ideas de otros y el ángel del poder , se manifestaba en Kundimark al grado que aquel empezó a ser llamado el justiciero invisible, así que en la medida que pasaba el tiempo todos los que tenían que alcanzar justicia la recibían porque Kundimark había sido empoderado para manifestar la justicia real.

Kundimark, era un ángel encarnado, procedente de la legión angelical de Miguel, y había llegado a la tierra a ensayar la bondad, la misericordia, la justicia y la paz. En ese entonces, era tanta la injusticia que ya algunos legisladores, de los congresos de los países del planeta, habían sometidos propuestas que indujeran a despojar a ciertos ricos y millonarios que no pudieran justificar, sus fortunas, por lo que no faltaban los sobornos, para que se corrompieran las leyes y sus aplicaciones, casi siempre en prejuicio de los valores éticos que afectaban directamente y a la vez, a los que menos tenían.

Por lo mismo, los rufianes de cuellos blancos y manos de sedas habían recurrido, a la raya del tormento en funcionamiento, vigilando a Kundimark, por lo que trataban de cerciorarse si las novelitas, que él estaba escribiendo contenían capítulos o párrafos que denunciaran sus crímenes, temían a la prensa y a los pasquines, "como el diablo a la cruz" y siendo injustos y malos algunos querían mostrarse como buenos, porque eran de doble moral.

Pero hay mucho que decir de las maldades de aquellos:

Ellos eran una especie de mafia empoderada dedicada a oprimir a aquellos que sin mostrar la esencia de su prudencia, se negaban a adherirse a la causa del propósito de los facinerosos.

Como ya les había comentado, aquellos se habían infiltrados en las distintas dependencias gubernamentales, desde donde se dedicaban a producirle sufrimientos a algunos consumidores de los servicios públicos, como aconteció con Kundimark a quien en un determinado tiempo estaba próximo a expirársele

la registración del carro, y como en el pasado solían registrar el carro y darle diez días para la inspección, él pensó que en esa ocasión sucedería igual, pero no aconteció así, habían cambiado el procedimiento y Kundimark lo ignoraba, lo que aprovecharon aquellos para seguirlo a donde este se dirigía, y como aquellos tenían infiltrados en las distintas agencias gubernamentales, los sectarios buscaban que a Kundimark, se le dilataran los servicios, de manera que este perdiera tiempo y dinero para ellos satisfacer sus egos, al tiempo que le dificultaban la vida a aquel. Fue así como aconteció cuando él fue al departamento de vehículo de motor, aquello lo habían seguido y se adelantaron ordenándole al empleado que le ofrecía el servicio, para que hiciera lo que ellos esperaban.

Habían empezados a pedirle los documentos uno por uno, de manera que tuviera que salir a buscarlos para luego regresar, y en alguna de esas salidas, se le expiraba el número de servicio, teniendo luego que buscar otro, y esperar que volvieran a llamarlo, para luego decirle que la inspección de su carro no estaba dentro del sistema.

Al salir del departamento de vehículo de motores a tratar de que vuelvan a hacerle la inspección, y como alguno de los mecánicos donde él había ido obedecían a los sobornos de los sectarios, procedían a realizarle sabotaje fingiendo que le arreglaban algo para pasar la inspección, aprovechando para dañarle otra pieza al carro, a fin de dilatarle la inspección para que no pudiera renovar la registración y quedara a merced de los tiqueros que escribían contravenciones que lo obligaban a pagarle a la ciudad por andar con una registración "expirada".

En realidad, parecía que Kundimark quería violar las leyes voluntariamente, pero lo cierto era que el sistema y los mafiosos que operaban dentro de él, se valían de todo para perjudicar a quienes se negaran a hacer su voluntad.

A Kundimark lo habían llevado a durar tres meses en esa condición, esquivando a los tiqueros y tolerando los sabotajes de los emisarios de los sectarios.

Durante ese tiempo anduvo de talleres en talleres, faltando a su trabajo y codeándose con los más inescrupulosos de los mecánicos de Cosmopolitan, tan malvados como los sectarios que no se cansaban de sus maldades y de provocar una diversidad de sabotajes para cobrar el doble del costo real del trabajo realizado.

Entonces resultó que Kundimark ya se había percatado que para pasar la inspección solo necesitaba cambiar una pieza diferente a las que los mecánicos decían, unos hablaban de la cadena del tiempo, otros del catalítico, y cambiaban.

diversa piezas que en nada resolvían el problema, hasta que apareció uno que se sinceró con él, y le pidió que le dejara el vehículo y cuando regresó, había puesto la información dentro de la computadora del departamento de vehículo de motor, la yipeta había pasado la inspección, y más tarde aquel volvió al departamento de vehículo, y aunque intentaron seguir dilatándolo, ya no podían porque si negaban la renovación podían dar pie a una demanda por daños y perjuicio.

No obstante bajo el alegato de que tenía que hacer otra aplicación porque el proceso había comenzado en junio y él había regresado en agosto, mientras el esperaba que le entregaran la registración, los sectarios y sus adeptos le escribieron un tique mientras él solicitaba que le entregaran la registración, ellos pensaron que como no habían logrado que lo dilataran más, podían golpearlo con un tique, pero resultó, que el tique lo escribieron con fecha de agosto y como el proceso de la renovación de la registración había iniciado en junio, salió con la fecha del mes en que se inició el proceso, lo que le permitió a Kundimark ganar el tique donde ellos alegaban que el tenia desplegada una registración vencida, pero Kundimark sostuvo que el tiquero se había equivocado, y negó que el tuviera una registración vencida, mostrándole la registración que tenía fecha de junio, anterior al mes de agosto, que era el mes en que había sido fechado el tique que le habían escrito, por lo que el juez, desecho el caso, y todo salió a favor del acusado, y Kundimark, expresó:

Guarécete del sol, con ilusión, en la ternura de grata expresión, no dejes que la ira te confundas, pues Dios, es gloria de amor y de ilusión.

Los sectario eran malvados, no sólo les gustaba evadir impuestos, sino también saquear a los de abajo como sucedió con uno a quien llamaban David Lamb, operaba una agencia que se hacía llamar "VANTAGE PRESS" ubicada en ese entonces en la avenida del Parque, en Cosmopolitan, que había sido el primero en la nación que le había publicado una novelita a Kundimark, un día en que

Kundimark había asistido por su oficina, lo vio y aquel le dijo "A ti hay que pagarte mucho".

El muy bergante a las dos semanas se fue en Banca rota, llevándose entre las uñas el dinero de Kundimark, fue el primer robo legal, que había sufrido aquel indefenso de noble corazón a quien llamaban Kundimark, en Cosmopolitan, ciudad de oportunidades con más malvados que éticos.

Debido a que Kundimark era alguien que publicaba por cuenta propia, y no había sometido sus novelitas a los editores tradicionales, no estaba enlistado para recibir sueldo por lo que otras corporaciones a las que en ese entonces les llamaban

"Maple Leaf Publishing , Inc. En Canadá , y "Author House" y Xlibris en indiana, que en ese entonces, también le habían publicado otras tantas novelitas y a la hora de que el autor reclamó sus "loyalty" o beneficios, alegaron que ellos pagaban por depósito directo cada tres meses a su cuenta bancaria, pero cuando el autor fue a reclamar tales ingresos al banco, el banquero negó que aquellos hubieran realizados tales depósitos. Viendo Kundimark lo acontecido, sin preámbulo entendió que Aquellos se habían sumado al listado conspirativo de fraudes, contra él.

Respecto "Vantage Press", dos semanas después, apareció una pariente del señor Lamb, y lo arrastró para una ciudad portuaria llamada Boston, Massachusetts, como su nuevo refugio, con fama de ser habitada por "personas cultas" porque gran parte de los habitantes de la nación que debían estar más informados que el resto del mundo, a veces no sabían dónde les quedaban las narices.

De todos modos en ese tiempo habíamos aprendidos que los ladrones y los envidiosos, padecían de enfermedades similares, entonces dijo Dios:

----- Te estoy protegiendo siempre, de todos los males que hay, para que el malvado caiga, sin que te pueda tocar.

Y aquellas victimas que habían sido saqueadas, seguían esperando ser pagados, el caso era que todos aquellos caballeros de esas cofradías, habían incurridos en el macro –abuso, confundiendo la libertad con el libertinaje, y la democracia con la teocracia, donde la epístola de San pedro especificaba que todo poder viene de Dios.

Eran pocos los ricos que tenían las manos limpias, y en Cosmopolitan parecía ser que "nadie estaba libre de culpa para lanzar la primera piedra" aunque el" mal de todos, fuera consuelo de bobos"

De todos modos, los que esperaban justicia en Dios, la alcanzarían, precisamente por lo acontecido con Karla, a quien Úrsula la camarada de cara de gato había humillado de tal forma que hasta el viento se avergonzó, porque Karla por la condición de Úrsula, recibió la consecuencia de la causa, hay deuda o karma, que se acumulan y tienen que resarcirse y ocurrió con esta dos mujeres amigas irremediables que Úrsula solicitó los servicio de Karla para que le atendiera a sus tres hijos entre ellos uno de nueve, otro de doce, y otro de diez y seis, entre ellos había uno de 23, a quien Úrsula se negaba a admitir en la casa por su condición de bipolar y consumidor de cannabis.

Pero permítanme reiterarles algo de lo ya dicho, pues Úrsula aprovechando la amistad con Karla, le había solicito ayuda para que ella le cuidara los tres niños

más pequeños, pero de forma desconsiderada, Úrsula no pudo esforzarse en corresponder a su amiga con el patrón de solidaridad que Karla manifestaba para con ella, y solamente le aportaba por semanas, 20 escasos dólares que por seis días dejaba mucho que desear, por lo que Karla entendió que Úrsula la estaba explotando y se negó a continuar en tan radical odisea.

Debo especificarle que antes que todo se complicara, Karla le rogó a Úrsula a fin de que le aumentara el salario pero ella se negó rotundamente de forma radical e inclemente y Karla disimuló, pero cuando se le presentó la oportunidad a Úrsula de necesitarla de nuevo, pues Karla simplemente se le negó, y Úrsula que se había confundido creyendo que Karla era su esclava, se enojó y buscando vengarse la acusó de violadora, le había tejido una calumnia acusándola de haberse acostado con el hijo de 16 años que ella le cuidaba.

Para ese entonces aún Karla no había conocido a Kundimark, pero ya Úrsula se encontraba con cara de gato, la cual Además, había tenido un pasado salpicado por las drogas, habiendo cursado una condena de tres años, de cárcel, todo esto le había creado una atmosfera de celos y envidia contra Karla, que no la dejaba respirar en paz, lo que la indujo a tan inclemente calumnia.

Entonces al profundizarse pormenorizadamente en la investigación resultó ser que el hijo de 16 años fue interrogado separado de Úrsula su madre y aquel desmintió la acusación y Úrsula se vio precisada a admitir que lo hizo por venganza después de aquella pormenorizada investigación donde no se había

encontrado causa probable para enjuiciarla, Ipso facto fue descargada y le limpiaron el record, como Karla era una mujer de Dios, todo lo olvidó y aunque debió demandarla optó por dejarlo así..

Pero aconteció que Kuki, el hijo de 23 que tenía Úrsula, que al ser bipolar, había desaparecido, y a pesar de ella haberlo mantenido distante, lo acontecido le generó gran dolor, y esta lloraba, sufría, pedía perdón a Karla, la cual no dudó en perdonarla.

Debo especificarles que al desaparecer Kuki, no dejó huella ni rastro para ser localizado, lo que había agudizado el sufrimiento de Úrsula, que había empezado a experimentar el sentimiento de madre sufrida al enterarse que el más grande de sus hijos, había desaparecido, sin embargo ella ignoraba que por su condición aquel se había embarcado en un grupo de voluntarios que se habían sumados para pelear contra Rusia, en Ucrania, allá había sido herido y hospitalizado, se sanó de su condición, se casó con una Ucraniana y jamás buscó a su madre Úrsula, la cual había llorado noche y día.

Luego Úrsula aprovechó para pedir nuevamente perdón a Karla, pero como aquella tenía una inclinación al lesbianismo, aprovechó y le declaró su amor, aun estando con cara de gato, porque a ella le atraían tanto los hombres, como las mujeres, entonces Karla oró por ella, porque pensó que estaba endemoniada, la consoló y la llevó a la iglesia y Úrsula salvó el testimonio de que Dios la sanó de su condición de indefinición sexual, de manera que descubrió y alcanzó la condición normal de mujer.

Después de la guerra acompañó a su pastora a predicar a Ucrania y Kuki que coincidencialmente asistió a esa congregación, cayó a los pies de la pastora, mientras abrazaba el cristianismo, y Úrsula que lo vio, también cayó en el espíritu, había recibido el milagro del cielo al encontrar en ucrania a su hijo perdido.

Entonces después de encontrarse, Kuki la llevó a su casa y la introdujo con los nietos, y lo que parecía una maldición se convirtió en bendición.

De todos modos cara de gato y el librero quisieron seguir con sus robos, pero el arcángel Miguel, seguía otorgando protección a Kundimark, quien estaba en malestar, por no pagarle le querían robar, y un descarado atentado le intentaron asignar, un tirador por las espaldas le disparó, pero no era su tiempo y el espíritu por el suelo lo echo a rodar, y la bala mortal de largo continuó, y la pared del frente la absorbió, su esencia de justiciero invisible fue quien lo evitó.

Resultó ser que cara de gato tenía un sirviente llamado Tulula, y aquel tenia por misión, seguir a Kundimark a cualquier parte que se moviera, y un día cara de gato fue informado por Telemark, de que era necesario conseguir un documento que perteneciera a Kundimark, para ellos justificar un reclamo de una de las cuentas de Kundimark, generada por concepto de la venta de una de sus novelitas, por lo que cara de gato que a su vez era como el chico que hacia los mandados de Telemark, decidió encargarle a Tulula, tan indignante descaro, habiendo Tulula localizado a Kundimark, con la menor facilidad, debido a que unos meses antes aquel había hecho algo similar a lo que hacía en ese momento.

En aquella ocasión, había roto la ventanilla pequeña del carro de Kundimark, e instalo un receptor 5—G que le permitía rastrearlo donde quiera que se encontrara, y debido a tan bil condición, esa noche lo había ubicado en el lugar donde se había parqueado, pero Kundimark por la naturaleza de su espíritu, había experimentado una corazonada, y justo cuando Tulula había roto la ventanilla del carro empezando a buscar el documento para justificar el robo de las pertenencias de Kundimark, pero aquel ipso facto había sido sorprendido y el Dios del ser de Kundimak, se manifestó a través de él, y Tulula que lo había contemplado en la sombra de la noche, sufrió un susto tan grande, que le falto poco para infartarse, un grito gutural había salido de su garganta.

Los ojos se le brotaron hacia afuera y en un momento había enloquecido, sin que nadie supiera lo acontecido, ya que aquel había caído en un trance que cuando intentaba referirse a lo acontecido, esa noche se enmudecía y solo podía emitir la expresión:---- El justiciero, el justiciero---- Decía.--- Y al instante perdía el habla. Ahí se quedaba sin que le brotara otra palabra.

Después de todos los intentos de robo de cara de gato y el librero Telemark, el Dios del ser de combinado con el arcángel Miguel, otorgaron protección a Kundimark, y en su cerebro era puesta una expresión que le decía:

---- "Te estoy protegiendo siempre, de todos los males que hay, que los malvados resbalen sin, que te puedan tocar".

Entonces Kundimark desafió a los hacedores del mal, y le expresó en alta voz:

---- No importa cuánto conspiren, soy hombre de redención, si la inquietud llega al hombre, por causa de su ambición, por nada me inmutaré, soy hombre de elevación, y si algunos de los arpíos, pretende desesperarme, soy un triunfador genuino, todos tendrán su castigo, por pretender con malicia erradicar mi destino.

¡Que gloriosa es mi gran causa, nadie lograra venganza, pues mi justicia es genuina!

Es gloria y es esperanzas, fuerzas de mis añoranzas.

El éxito lo vi ya, no hay manera de frenarlo ni que volvamos hacia atrás. Después de esa cruel pandemia, el mundo es una locura, es del que avanza el consuelo, y yo nunca me detengo.

La victoria esta en mi frente, es de ingrato el desacato, y mis ojos van mirando, el triunfo está circulando y no hay forma de frenarlo.

Entonces Kundimark se fortalecía, ya nadie podía abusar, todo se había descubierto y el bien triunfó sobre el mal, todo lo que parecía perdido fue retribuido, y Karla y Kundimar, abrazaron la gloria del bienestar.

Sabían que la experiencia hablaba más, que lo que se dijera, porque lo que se decía por experiencia, era la reafirmación de lo vivido.

Habian tenido la suficiente paciencia porque entendían que la paciencia edificaba el alma, y por eso esperaron con toda su calma.

Con la transformación del espíritu del planeta, se renovó el medio ambiente, los malvados no pudieron tolerar, y cara de gato culpaba a Telemark de todo lo acontecido, y Telemark a él y en una discusión confusa que giró en torno de los dos, se abruzaron en un forcejeo, sin percatarse que alrededor de ellos existía una franja abismal cayendo al ambos al acantilado y muriendo en el acto.

Según se iba intensificando el cambio, los malvados iban llorando y el efecto de la causa a todos los iba ubicando, los que no se arrepintieron, sus Karmas los iba matando, se fueron desintegrando como cenizas volando para que la profecías se fueran justificando, cumpliéndose la palabra que Dios en su voz ponderó, por encima de tu paz:" Polvo eres, y en polvo te convertirás"

El mundo se renovó, el medio ambiente se transformó y una floreta verde lo arropó, mientras una brisa fresca que deleitaba, soplaba.

New York / 2023.

MARIANO MORILLO B. Ph.D.

CUENTOS DE REDENCIÒN

EL ALIENÌGENA

"Se llegó el tiempo de la justicia, y los malvados perecerán, no tendrán gloria ni tendrán paz, sólo la muerte los seguirá."

CON LA LLEGADA DE LA TRANSFORMACIÓN,
SE RECUPERARÁ EL HONOR,
PORQUE AUNQUE LA LIMITACIÓN GENERA DOLOR,
EL DOLOR, OTORGA PERFECCIÓN.

E ra noche de luna y los lobos aullaban, las estrellas sonreían desde su morada.

El espacio parecía un mar de nebulosas, y los astros radiantes eran exorbitantes.

Las pléyades, a quienes solían los terrícolas nombrar como las siete hermanas, se alineaban con sus brillos deslumbrantes en la distancia sideral, y en plena tierra el rumor de las palmeras agitaban las olas del mar y en la distancia un plato volador se aproximaba y un marinero lo percibió en la distancia al grado de sonrojarse.

Un clavado al centro de las aguas levantó las olas como un maremoto, que la elevaba por encima de las costas, y Rudolf Gurú, que solía observar el universo en silencio a orilla de la playa esa noche había sentido curiosidad, él sabía que las galaxias eran enormes acumulaciones de estrellas, gases y polvo, y que las galaxias poblaban el universo en centenares de miles de millones, como también sabía que una galaxia podía estar formada por millones de estrellas entre otros astros.

Sus experiencias como marinero la había adquirido en lejanos mares de orientes, donde lo insólito se tornaba increíble, pero esa noche algo le dijo que permaneciera más tiempo en la playa, siguiendo el mandato de su corazonada aguardó un largo rato observando qué otra acción acontecería después de lo observado.

Esperó aproximadamente una hora, sin que nada nuevo se registrara optando después de ese tiempo, por regresar a su casa, que estaba a media hora de las costas donde se encontraba y había percibido el extraño evento de esa noche.

Pero justamente al retirarse escuchó el susurro de una voz que cantaba:

En una noche estrellada, inspirada de la nada, nació una música alada que enternecía su mirada.

Había un hombre diferente muy totalmente consciente, pero el andaba de frente haciendo estudio a la gente.
Había un manantial de luz, que reflejaba en sus aguas una eterna juventud.
Todos los que los miraban sentían que ellos lo apreciaban.
Sólo la naturaleza lo podía controlar, pues el origen de aquel, no era nada artificial. Él era un instrumento para el mundo transformar.
Se encarnó como hombre hábil buscando experimentar.

Cómo actuaba el ser humano creando algún malestar. Se percató de que aquel, se confundía en la ilusión. Que generaba una vida, de plena limitación.
Ya no se podría avanzar, sin una renovación.
Pues la ciencia se aplicaba buscando la destrucción. Muchos carecían de amor, en base la redención.

Aquella voz lo inmovilizó había escuchado en silencio, pero al concluir la canción buscó en toda dirección y nada vio, una vez percatado de que a su derredores no existía nadie más fuera de él, se encaminó a donde se dirigía.

Sorpresa sería la que recibiría al entrar a la antesala de su casa, era un niño en un canasto de un material desconocido en la tierra, una especie de lona sólida como el mimbre pero con características diferentes.

Rudolf estaba tan turbado que no sabía qué hacer, pues había enviudado joven y su difunta esposa nunca se había embarazado, y vivia en una casa grande, sólo y sin perros que le ladrara, y lo primero que pensó fue en avisarle a Margaret su vecina sobre el hallazgo que acababa de encontrar, le contó lo que había sucedido en la playa una hora antes, y lo que había pasado ahora….

Había encontrado una encarnación galáctica, era un hermoso niño que inmediatamente lo relacionó con lo que anteriormente había percibido. Estaban en las afueras de la ciudad y sólo esas dos casas se encontraban colindando en el extenso terreno, dos haciendas paralelas.

El niño parecía un humano, pero traía marcadas algunas diferencias, como una (V) de victoria en la frente y a pesar de todo, Margaret y Rudolf, que se conocían por mucho tiempo, se pusieron de acuerdo para la crianza de aquella bendición de los cielos.

En horas buenas, la viudez de Margaret databa dos años antes que la de él, que había enviudado un año después de ella, los dos viudos hacía tiempo que se trataban y se apoyaban.

Así que, Margaret y Rudolf Viajaron a la ciudad, donde contrajeron un matrimonio civil, y declararon a su regalo del cielo como hijo de ellos nacido en casa, y lo llamaron Honoré Deo Gurú: que significaba "Honor al maestro de Dios" Y diariamente pronunciaban al levantarse y al ir a la cama la expresión "gloria in excelsis Deo: que significaba – "Gloria a Dios en lo alto", el caso fue que la llegada de la criatura y en la forma en que había aparecido se convirtió para ello en una

especie de filosofía, entonces después de la unión en matrimonio de Margaret y Rudolf, ofrecieron empleo a una pareja indocumentada que pasó a vivir en la casa que ocupaba Margaret y se encargaban de ordeñar una vaca y una chiva, cuya leche era la base de la alimentación de su regalo del cielo, que en la medida que pasaba el tiempo iba creciendo y no habiendo más niño Honoré, jugaba con la vaca la chiva y con la pareja de trabajadores de la hacienda a quienes manipulaba esporádicamente con una dosis de hipnosis para que le dieran una doble ración del biberón.

Cuando estaba en edad escolar comenzó a recogerlo un autobús contratado para llevarlo y regresarlo de la escuela y los fines de semanas hacia sus tareas para el lunes ir a exponerla con una lexicografía propia de un lingüista, y recitaba la historia como una poesía y todos lo admiraban las chicas se le aproximaban pero luego se asustaban, él tenía un poder de persuasión que las inducias a hacer cosas de las que ellas no estaban consciente si debían hacerlas.

Honoré Deo Gurú, crecía con un sorprendente apetito sexual de forma que en más de una ocasión la parejita que lo atendían lo sorprendieron teniendo sexo con la Chiva y hasta con la vaca las cuales se sometían sin oponer resistencia, entonces lo amonestaban y le explicaban que él no debía acostumbrarse a eso para que después no fuera a rechazar a las mujeres por haberse acostumbrado a los animales, y como el traía una inteligencia natural aceptaba los consejos sin volver a incurrir en las mismas experiencias.

Fue entonces cuando su mente fue invadida por la expresión de estos versos:
En la soledad fría, de una noche sombría.
Pensé que estaba lejos y que yo te quería.

Desperté y no te vi, y pensé que el amor, me hacía sufrir por ti. Y vi que la distancia te aproximaba a mí.

Miré y percibí y expresé así: La vendimia de la espiga nació de pronto en el tronco, y fue gloriosa la estirpe de la notoria victoria.

Después que el tiempo disipa, ahora el alma me pica, y el renacer reivindica.
La causa y el misterio de la espiga, siempre se expande y fustiga.
Las flores de mis amores van calmando los dolores, de no enfrentar los temores, que provocan los temblores.

El brillo de tu esplendor fue desgajando la flor.
Y los pétalos perdidos van recorriendo el camino, y los jardines del tiempo, de nuevo están floreciendo.

Había pasado un largo periodo desde entonces, Honore Deo Gurú, se había hecho un hombre y al concluir la escuela superior sus grandes calificaciones hicieron que algunas universidades se interesaran en él, y una de ellas le otorgó una beca que lo condujeron a estudiar relaciones internacionales, durante su tiempo de estudio recibió la noticia de que Margaret había fallecido y debido a lo acontecido pidió una licencia de dos meses para quedarse en el hogar paterno y regresó acompañado de una chica que estudiaba con él llamada claree Guidé ambos se quedaron el tiempo necesario haciéndole compañía a Rudolf Gurú, y dos meses después regresaron a la universidad.

Honoré se graduó primero pero dos meses después murió Rudolf, y Claree paró la universidad para quedarse acompañándolo, sin embargo unos días después de estar con él, ella también fue avisada de que su padre había muerto en el otro extremo del mundo, ella se despidió de Honoré, que había intentado acompañarla pero ella se justificó que era otro continente muy distante y que era mejor que el permaneciera en su lugar, así lo hicieron, ella se fue pero nunca más volvió, el hizo los arreglos para que la casa donde vivía Margaret siguiera siendo habitada por clara y fulcar, quienes lo atendieron durante su niñez y permitió que ellos siguieran trabajando en la hacienda y él se mudó a la ciudad donde un tiempo después se envolvió con una divorciada que le habían presentado en un sueño y que tenía un hijo de su primer esposo, se trataba de Julieth, antes de conocer a aquella, Honoré la vio en su sueño y el día en que Julieth se aproximó a Honoré, le preguntó por una dirección, y Honoré le respondió, Julieth le otorgó las gracias y él se la devolvió:

----- La gracia es vuestra que hasta al sonreír la muestra   Le respondió Honoré.

- Julieth le sonrió, y Honoré le agregó:

- Bien aventurado quien sea santo de tu devoción, tú le acaricia el espíritu y haces nacer amor, que bonita es tu mirada, que grata es tu comprensión, cuando te miro de cerca se me prende el corazón,   Dijo.

Él sabía que en toda la época los fanático y el fanatismo, estaban de frente opinando lo que debía ser, no lo que en realidad tenía que ser, pero Honoré traía la sabiduría en lo profundo de su alma por lo que el siempre hacia lo que estaba llamado a hacer.

Julieth, vivía en su casa, y él en la suya y se visitaban y en ese intercambio quedó embarazada y nacieron dos hijos, un niño y una niña del cual antes de nacer se lo habían presentado como dos "Emánueles".

Por un momento el creyó que le hablaban de Jesucristo pero luego entendió que le decían que los niños que llegarían eran dos dioses primigenios, camino a encarnar a través de él y de la divorciada a quien llamaban Julieth.
Entonces emulando al poeta el expreso:

El universo es el sombrero de la tierra, por donde quiera que tú te muevas, encontrarás el misterio de la intranquilidad, si no está definido a transitar el camino de la paz.

No hay motivo que conduzca a las almas a claudicar, ni que el abrigo que la cubre sufra malestar.

Existen modos de concentrar, para entender la eternidad, que has de llegar. No todo es claridad en la tierra, pues siempre se ha ignorado la verdad.

El hombre se exaspera con intranquilidad, ignorando que su alma porta paz, se torna temeroso y codicioso, y conspira sin pensar que todo aquel malestar, que él asume generar, lo hace tornar esperpento y petardista y a su prójimo lo mira como a gato de revista, indiscreto y arribista.

Y, ay si mira sobre el cielo, buscas estrellas de consuelo queriendo aliviar su alma, que contagiada en la tierra ya no puede controlar, y busca a quien acusar de todo su malestar.

A pesar de las acciones, no siempre se haz de juzgar, pues la vida que escogió lo conduce a caminar, el hombre suele ignorar el drama que ha de ensayar, y anda buscando la forma para su alma aliviar.

Y descubre en el trayecto que hay planetas que no hablan y es la palabra en la tierra, un petardo de la brisa, que te enojas o te sacas la sonrisa.

Era el siglo 21 de la era de la espera, para ese entonces, el planeta había dado a luz, a una generación llamada milenios, eran jóvenes dedicados a labores cibernéticas, para ir a la escuela era a empujones, y aunque estaban dispersos por todo el planeta, a través de las redes sociales, tenían una conexión tan marcada que parecían enlazados a través de un cordón umbilical.

Muchos de ellos parecían robots, y querían estar el día entero frente al computador, generando conflictos con sus padres, que les exigían pausar para ir a la escuela o para que le ayudaran a hacer algo en la casa.

Las discusiones con sus padres inducían a que sus mayores les aplicaran castigos como retirarle el teléfono o el computador, y aquello al no tolerar lo que ellos consideran injusticia, ya que esa era la nueva definición de sus existencias, por lo que algunos en caso de esa naturaleza solían recurrir al suicidio, y como no se morían porque eran dioses encarnados, ya los hospitales psiquiátricos no tenían espacio para tenerlo dentro de la ciudad, entonces lo sacaban para una casa estatal fuera de la ciudad, donde los sectarios tenían personas infiltradas como empleados que frecuentemente actuaban en función de los intereses de la secta, allí lo concentraban entre las edades de doce a 17, y como eran seres inteligentes, en esa casa lo formaban de acuerdo a los propósitos del sistema.

Después que los milenios pasaban a habitar la casa de los sectarios si aquellos pretendían desertar, se encontraban con una pared de dificultades donde si el individuo había llegado manso, ellos acababan convirtiéndolo en una maquina receptora de violencia.

Resultó ser que Honoré, Deo Gurú debido a su talento generaba la inquietud de ciertos grupos que deseaban tenerlo entre sus filas, pero él se negaba, lo que inducia a que aquellos que de hecho eran un grupo de cretinos que ofrecían

ofrecían servicio a las comunidades con la intención de esclavizar a quienes se aproximaran a ellos.

Y como les había comentados, debido a que en una ocasión sintieron los sectarios la necesidad de atraer a Honoré Deo hacia ellos porque aquel era talentoso y productivo, y los sectarios eran oportunistas, maliciosos y saqueadores, y solían usar a las personas paran después deshacerse de ellos de hecho sobornaron a Julieth que al no vivir bajo el mismo techo que Honoré Deo Gurú, abría la puerta de su casa a tales rufianes, quienes habían tejidos una historia sustentada por Julieth, para engañar a Honoré Deo, haciéndole creer que Kurt Gurú su hijo, había tratado de suicidarse supuestamente ingiriendo cien píldora para el dolor de cabeza, Historia que Honore Deo Gurú no se creyó.

Pero antes de abundar sobre lo acontecido permítanme aclararles:

En cualquier circunstancia, los sustentadores del sistema entendían que incluían a los infiltrados que tenían los sectarios, entendían que aquellos que habían intentados suicidarse, tenían valor para morir y para matar, por lo que había que preservarlos para reafirmarle la valentía, por si tuvieran que hacer uso de ellos en un caso de emergencia, entendían ellos, esos serían los mejores soldados.

En el caso de Kurt Gurú, hijo de Honoré Deo Gurú, ellos habían constatado a Julieth, la madre de Kurt Gurú, y le habían lavado el cerebro a la madre y al hijo, a fin de que aquella aceptara que Kurt Guru fuera alejado de la casa, hacía mucho que venían dándole seguimiento desde los catorce y a los diez y seis lo jalaron pero antes se habían asegurados de tirarle un enamorado a Julieth para que la alcoholizara, de manera que a la hora de solicitarle cualquier favor, ella no se resistiera a concederlo.

Cuando Kurt Gurú cumplió los catorce años habían comenzado el ensayo, en ese entonces el primer drama consistió en que la madre le gritó, y Kurt se enojó, y en su enojo barrio el computador tirándolo sobre el piso, según lo ocurrido fue que sus hermano lo doblegaron y esa acción depresiva, sería el primer intento que indujo a que lo condujeran al hospital de terapia juvenil, que había en el área donde residían, allí estuvo dos semanas, y la enfermera apareció ponderándolo como muy buen muchacho.

Como él vivía con su madre, dos años después, su madre comenzó a llevar a la casa rostro diferentes, bebedores, de forma que ya había empezado a inquietar, a los hijos con tal estilos de vida desordenado y libertino, de tal manera que hasta el mismo Kurt Gurú le había dicho a Honoré :

---- Trata de conseguir una casa antes que yo cumplas los diez y ocho porque ya yo no aguanto más a Julieth, la había llamado por su nombre porque aquella antes sus ojos había perdido el respeto de ser llamada madre.

El caso era que Julieth con el alcoholismo y la depresión llegaba en horas de la madrugada acompañada de hombres desconocidos para ellos y se ponía a tomar en el momento de sus hijos estar durmiendo, en una ocasión uno de esos enamorados se enfrentó a uno de los primeros hijos que ella había tenido antes de conocer a Honoré, y aunque aquel podía ponerla en un trance hipnótico para que ella cambiara su vida, Dios lo tenía prohibido, ya que ella había escogido la vida antes de nacer, y para que se cumpliera el propósito en ella, había que permitir que lo que estuviera llamado a suceder con ella, sucediera.

Pero para no irme muy lejos, si no es mucho pedir, quisiera yo, abundarles sobre las acciones de Honoré.

Aquel, obviamente, amaba mucho a sus hijos e hizo lo posible por complacerlo, pero los sectarios se percataron y trataron de que se le cerraran las puertas contextuales, quisieron hacerlo naufragar en las aguas de su ignorancia, a fin de que sus planes se fueran abajo, porque si Kurt se iba con su padre, a ellos le sería

más difícil sacarlo de la casa para llevarlo con ellos, porque aquellos pensaban que si no era el padre, sería el hijo.

Kadys, la hermana de Kurt, solía pasarle información a su padre, sobre lo que estaba aconteciendo.

Y según la información obtenida aquel procedía a tomar las decisiones de lugar, por eso de que el conocimiento salva.

En una ocasión, Julieth había desaparecido con el novio por dos días, y Kadys le dijo a su padre que ya a ella no le importaba lo que Julieth hiciera, porque en lo adelante ya ella no la vería como su madre, entonces Honoré Deo Gurú le respondió:

---- Kadys, con los padres también hay que tener paciencia, ella no será la mejor madre, pero te tuvo nueve meses en su vientre, y te parió, también ella, es una víctima más.

Había pasado más de una semana sin que Honoré pudiera ver o hablar con Kurt, porque aunque Julieth le había dado la dirección de un hospital donde supuestamente lo habían llevado y un número de teléfono donde comunicarse, cuando él lo llamó al hospital de terapia juvenil el que le respondió, le aclaró que debido que él no se encontraba en el listado de llamadas no podrían comunicarlo. Entonces él fue y habló con Julieth, y aquella le decía que hoy, que mañana, que había que esperar que la trabajadora social autorizara que lo pusieran en la lista para hablar con Kurt, Honoré le preguntó a Julieth que cuánto le habían pagado para que entregara a Kurt?

Le preguntó que qué ella ocultaba que estaba tratando de impedir que el hablara con su hijo?

Ella guardó silencio y le dijo que en un día más cuando la trabajadora llegara, ya él podría comunicarse con su hijo.

Pasaba el tiempo y debido a que Honoré no siempre se ponía de acuerdo con los humanos porque él creía que eran inestables, que un día asumían un acuerdo, y al otro día cambiaban de opinión.

Él era cuidadoso de no comprometerse con el primero que le planteara un negocio porque la mayoría de los que se le aproximaban buscaban aprovecharse de él, y como muchos admiraban su condición de talentoso, buscaban la manera de estar próximo a él con la intención de lucrarse de los beneficios que aquel generaba.

Otros buscaban la manera de traicionarlo o venderlo al mejor postor, pero no siempre lo lograban, su naturaleza alienígena le atraía una cobertura natural de manera que ningún humano, pudiera afectarlo, y solo le ocurría, lo que para ganar la experiencia del planeta, debía experimentar.

Cuando alguien pretendía atacarlo, de él emanaba una fuerza acompañada de una sorprendente habilidad que conducía a su agresor a la derrota sin que pudiera tocarlo, pero si por alguna razón alguien lograba golpearlo, entonces un tiempo después, quien lo hiciera podía desarrollar una enfermedad cualquiera, como karma de la agresión contra Honoré Deo Gurú.

Hubo un tiempo en que los sectarios se habían tornado más necios de lo que eran porque ellos intentaban tenerlo en su grupo, pero como él se negaba ellos enviaban emisarios a que lo siguieran y le provocaran accidentes automovilístico que siempre resultaban a su favor, y luego se aproximaban a los lugares donde aquel asistía a tomar terapias para que le pusieran inyecciones que contribuyeran a dilatar el proceso de recuperación de Honoré, para ellos justificarse al retener reclamos que habían hecho a nombre de Honoré, y que no le habían entregado esperando a que él se incorporara con ellos, pero aquel se había decepcionado y se resistía a tener algo que ver con ellos, porque él pensaba que las maldades de aquellos, habían sobrepasados el límite de una simple prueba,

Sin embargo ellos ignoraban que su poder terrenal no podían bajo ninguna circunstancia afectar a Honoré, debido a que aquel, traía una cobertura natural que evitaba los daños que los humanos intentaran causarle.

Cuando los sectarios llegaron al extremo de su conspiración, presionaron a Julieth, que frecuentemente le servía en sus propósitos mezquinos, tratando de vender a Honoré como violento, y como aquella había sido víctima de violencia domestica con el padre de sus primeros hijos, hicieron creer que el generador de aquella condición había sido Honoré, para desacreditarlo y dañarle su reputación y retenerle todos los beneficios que correspondían a eel, incluyendo hasta beneficios provenientes de su trabajo.

Para que Julieth no tuviera voluntad propia le enviciaron un novio alcohólico que la alcoholizó, de manera que ella sin cuestionamiento se viera obligada a ejecutar sin cuestionar las ordenes que los sectarios les dieran, que incluía la manipulación de Kurt Gurú y Kadys, para que creyeran que honoré no era una buena entidad.

Tan así fue, que tres semanas antes de que aconteciera la pandemia del Covi-19, Honoré había tenido una revelación donde vio que una mano gigante levantó su indumentaria e introdujo una inyección en sus espaldas con una jeringuilla gigantesca, lo que indujo a Honoré a auto- cuestionarse al momento de levantarse y dijo:

---- Padre, que será lo que me dices? Acaso he sido envenenado y tú me está dando el antídoto Dijo.

Entonces una semana después, había sido anunciada una pandemia a la que en ese entonces había sido llamada: Covi 19, o corona virus todos los que trabajaban en ese entonces, se vieron precisados a retirarse a quedarse en casa, en cambio Honoré, continuaba sus labores, sin que nada lo afectara, pues ya aquel estaba inmunizado en el espíritu, y después que empezaron a encontrar la vacuna contra el virus, un alto número de personas de la población temían ponérsela porque pensaban que el plan de exterminación de los sectarios seguía en pies, pero Honoré por su fe no temió y se puso la primera, la segunda y la tercera dosis que era una especie de refuerzo, y lo mismo aconteció con Kurt y Kadys a diferencia que ellos solamente por ser menores en ese entonces, solo se pusieron la primera y la segunda dosis.

Durante ese tiempo en que Honoré estuvo en la tierra se habían cumplido los dos mil años estipulado para el regreso de Jesucristo, se había empezado a vivir en la era apocalíptica, y todo lo que se había predicho se estaba cumpliendo, entonces comenzaron a acontecer cosas insólitas, el hombre había perdido el amor entre ellos, hubo una conspiración donde los sectores poderosos del planeta habían intentados erradicar en el libre albedrio, a un alto porcentaje de la población mundial, que incluían a un alto número de envejecientes y a sectores de las minorías, pero aquel flagelo se les escapó de las manos a los que estaban detrás y muchos de ellos fueron asfixiados por su propio veneno que había pandemizado al mundo, el virus fue nominado Covid -19 o corona virus.

Aquel flagelo había inducido a la búsqueda de una vacuna que generó inquietud y negativa de la población para ponérselas, se creía que las vacunas también había sido creadas con una doble formulación

donde la receta acabaría siendo más costosa que la enfermedad, y muchos se negaban a ponérselas por miedo, y algunos de los que se las ponían tenían efectos secundarios tan grandes que incluía coagulación de sangre en las venas, que provocaban la muerte de muchos de los afectados.

A otros le generó una gripe aguda que los encaminó hacia la sinusitis entre otros males, debido a que muchos miembros de la población habían sido afectados psicológicamente al grado que la violencia se incrementó, las armas de fuegos se salieron del control de manera que las calles se habían inundados de ellas, y muchos menores, habían sido armados y habían empezados a sembrar el terror en las escuelas y en las calles, donde los robos violentos se habían agudizados.

Todos estos males habían afectado a la tierra en los distintos renglones del planeta. Las familias se habían debilitados con tanta intensidad, que habían empezados a casarse hombres con hombres, mujeres con mujeres, y como los hombres no paren, la población mundial como lo deseaban algunos, había empezado a reducirse al tiempo que iba envejeciendo sin sustitutos, porque los matrimonios invertidos habían frenado los nacimientos porque ningún hombre podía dar a luz, y ninguna mujer podía engendrar o embarazar a otra mujer.

Cuando Kurt Gurú, había barrido todo lo que estaba sobre su computadora, aparentemente había atemorizado a Julieth, y ella sin interés de entender lo que estaba sucediendo, ese día lo habían conducido por primera vez al hospital de terapia infantil, que había en el área a donde Kurt residía junto a su madre Julieth y su hermana Kadys.

Sin embargo, Honoré, pensaba que todo lo acontecido, no pasaba de ser un simulacro montado por los sectarios en combinación con emisarios gubernamentales, que buscaban, manipular su ecuanimidad.

Entonces después de estar incomunicado con Kurt, los jaquers de los sectarios, buscaban la manera de incomunicar a Honoré, con todos los que solicitaran sus servicios y procedieron a bloquearle el teléfono que en ese entonces le llamaban celular porque era un teléfono portable que podía llevarse a todos los lugares, entonces hubo un momento en que Honoré no podía ni recibir ni hacer llamadas, entonces, el optaba por visitar la compañía donde tenía el teléfono conectado y aquellos eliminaban el jaqueo, y todo volvía a la normalidad, pero para hacer el viaje a la telefónica, Honoré tenía que abandonar el trabajo donde por cierto él era su propio jefe, era un trabajo de servicio comunitario al servicio de los habitantes de la comunidad.

Debido a que Honore era un voltrón que venia de las pleyades, a pesar de ser ciudadano del universo, buscaba naturalizarse en un lugar de la tierra donde había sido dejado en una canasta, durante el periodo de su niñez, aquel lugar se nominaba nuevo mundo, y era un lugar que por mucho tiempo había permanecido oculto, mientras los terrícolas tenían la creencia de que la tierra era plana, hasta que el marino Cristofer Columbus lo encontró, y lo dio a conocer como una prueba de que la tierra era redonda, pero los sectarios que operaban como una mafia internacional, tenían infiltrados en muchos lugares, y después que

honore Deo había cumplido con la reglamentación requerida, lo habían juramentado por la bandera del planeta, le habían retenido el certificado de naturalización para luego justificar un fraude haciéndole creer que él estaba en el limbo y que no se había naturalizado por lo que no podría moverse a ningún lado fuera del contexto donde se encontraba, siendo aquella una forma a la que habían recurridos para mantenerlo paralizado.

Cuando Honoré trataba de comunicarse con la sección de seguridad migratoria, algunos oficiales infiltrados por los sectarios, en la telefónica, habían jaqueados su teléfono, a fin de que cuando el oficial delegado para resolver el caso de naturalización migratoria de Honoré, lo llamara que aquel no lo escuchara a fin de que no pudieran resolver lo del certificado de naturalización del planeta y por lo mismo no obtuviera el pasaporte y no pudiera salir del nuevo mundo, por carecer del mismo.

Los jaquers de los sectarios, habían buscados la manera de incomunicar a Honoré en todos los sentidos, como una demostración de fuerza, pues al bloquearle el teléfono que como ya le había dicho, en ese entonces se llamaba celular, Honoré no podría ni hacer ni recibir llamadas, pero al optar ir a reclamar a la compañía telefónica donde tenía el teléfono conectado, estos lo devolvían a la normalidad, pero para hacer el viaje a la telefónica, Honoré tenía que abandonar el trabajo donde por cierto Honoré como ya había dicho, era su propio Jefe, en un trabajo de servicio a las familias de la comunidad Honoré estaba entrenado por la vida para sobrevivir por encima de todos los obstáculos que la vida pudiera agregar, y cómo los sectarios recurrían a todos los mecanismos que pudiera frenar la expansión de Honoré, pero aquel estaba preparado para afrontar todos los intentos de los malvados.

Respecto a la naturalización que los sectarios habían pretendidos retenerle después de una aprobación legal, ellos habían pretendido despojarlo de la naturalización a fin de entregársela a un refugiado de la guerra de ucrania hermano de un oficial de inmigración de los que habían infiltrados los sectarios. Aquellos habían recurrido a remover la foto de Honore, del pasaporte dispuesto para él, y la sustituyeron por la fotografía del ucraniano, sin embargo en la conversación que Honore había tenido con un robot que se hacía llamar oficial Sinclair que había tratado de persuadirlo para que desistiera de pensar que él era ciudadano.

El robot oficial Sinclair, cuando Honoré le informó de que él había sido juramentado solo en una oficina, le respondió que no diga eso porque eso podía perjudicarlo, que a él simplemente le pidieron que levante las manos como una forma de que asegurara que estaba diciendo la verdad, entonces Honoré le refutó haciéndole saber que para él sería un placer hacerse de un abogado que esclareciera aquel mal entendido, la oficial Sinclair al escuchar tal respuesta, sintió una corriente alterna que impactaba su condición robótica y sin abundarle más le dijo:

Adiós Y colgó el teléfono.

La voz de Sinclair resonó en los oídos de Honoré, por más de tres días.
Como lo prometió lo hizo y Honoré, recurrió a un abogado de inmigración que

no dudó en esclarecer lo acontecido, viéndose la sección de Inmigración precisada a retribuirle su naturalización, reconociéndole sus derechos que daba la impresión que pretendían violárselo con alevosía, e intenciones fraudulentas.

Un tiempo después, cuando Dios desbloqueó los poderes de Honoré, aquel repasó en su cerebro todo lo que en el libre albedrio y forzosamente, le habían hecho pasar:

- Realmente la malicia destruye, es tanta la mezquindad de los maliciosos de la sociedad, que cuando se les responde con la verdad, fingen que no han entendido, o que no les han otorgados la condición de la lealtad antes tú bondad, esos seres que se cansaron de esperar la justicia al grado de perder la fe, empezaron a creer que no había futuro, obviamente empezaron a vivir el día a día creyendo que si no había futuro, no pagarían sus maldades, por eso se confundieron en el libre albedrio y avanzaron en el libre albedrio y su perdición se hizo mayor porque admitieron su limitación, y con ella su perdición.

Es la razón por el cual se negaron a aceptar el sacrificio de Jesús, y al no creer en él, ellos vieron distante la verdad y aceleraron la negación de su eternidad y se echaron a vagar en el abismo, sin destino y sin rumbo fijo. Dijo Honoré, y agregó Es bueno aclarar que Jesucristo nació para el bien y aún sigue en el bien, pero los que tergiversaron su verdad, fueron los mismos que conspiraron en su ignorancia y libre albedrio para matarlo, pero como Jesús había escogido el suplicio, aquellos lo ignoraban y lo que hicieron fue acelerarle la misión en el libre albedrio , contribuyendo en su ignorancia a hacer de aquel una religión y no un modo de vida.

Esos que intentaron cambiar el formato del propósito, siempre han sido los mismos, con la diferencia de que su poder evolutivo fue retrasado y no lograron desarrollar sus niveles de conciencia para entender el amor, y evitar las maldades.-

- Dijo, mientras Kurt y Kadys lo escuchaban.

Habían pasado unos años , donde Judith se negaba a atender un centro de alcohólicos y un día se derrumbó de tanto tomar y el más grande de sus hijos le llamo a la policía que acudió con una ambulancia, llevándola de emergencia a uno de los hospitales del sector, y esa noche Kadys llamó a Honoré y le contó lo acontecido, advirtiéndole que ella estaba estresada a los niveles que si no la llevaban al hospital, ella podría hacerse daño a sí misma, entonces Honoré aun sin estar dentro del listado escolar, recurrió a la escuela y comenzaron una investigación donde se descubrió que los sectarios habían

retenido los beneficios de Honoré, habían usado a Julieth para que diera un falso testimonio sobre Honoré, en el afán de dañar su reputación .

Ese mismo día, se llevaron a Kadys de la en ambulancia de la escuela a un Hospital del área, y de ese Hospital, bajo el alegato que no había cama, lo Trasladaron a Westchester, al mismo Hospital a donde habían llevado a Kurt Gurú.

Aquellos habían llegados a la tierra, pero contrario a Honoré que se había bautizado cinco veces, en diferentes religiones, aquellos seguían hereje como decían las beatas, contrario a lo que creía el vecindario, que eran almas puras porque no se habían bautizado en ninguna religión y carecían del matiz contagiante del fanatismo religioso, mientras Calixta y doña Pascuala las beatas e informantes del barrio, decían que eran endemoniados, porque muchos hombres se mataban por Kadys y las mujeres se complacían en dárselo todo a Kurt Gurú, decían que aquellos niños milenios traían el ADN de su padre, por lo que tampoco escapaban de ser alienígenas encarnados como su padre, aunque la madre tampoco se libraba de las murmuraciones de doña Calixta y Pascuala, dos beatas consagradas que al pan les llamaban hostia y cuerpo de Cristo, y al vino les decían cáliz y sangre de cristo, aquellas impenitentes, cómplices del padre Clodo, que después de cada misa iban prestas a murmurar atribuyendo pecados a los que no confesaban, y los jóvenes Gurú eran temas de atención, Kurt recibía a sus amigas besándoles el corazón , y otros muchachos del barrio por Keyla habían abonados y todo lo requerido, los daban de sus bolcillos.

A doña Calixta y Pascuala, ese tema le afectaba y hasta al párroco Clodo Beato, llegaban los alegatos Que los muchachos Gurú no hacían honor a la cruz, ya que el bautizo es sagrado y no lo habían realizado.

Como siempre en tiempo de los milenios había un grupo de ellos dedicados a ponerle la vida difícil a los más vulnerables y resultó que en la escuela donde Kurt Gurú tomaba sus clases de orientación y formación existencial, había allí una gordita sufrida que estaba casi al volar, viéndose Kurt Gurú presto a contribuir con la elevación del auto—estima de aquella, pero al mismo tiempo entendiendo que las mujeres eran como golosinas de muchos sabores, que al ser puestas sobre una bandeja no se sabía cuál se engulliría primero, optó aquel asistir a la gordita que tenía por nombre Jely.

Sus compañeros de estudios, Jely era una gordita que había en su aula y que era objeto de burla, Kurt Guru, como siempre diplomático y cuidadoso a la hora de expresar una palabra, viendo el sufrimiento que reflejaba aquella, se le aproximó diciéndole:

- No llores Jely, eres un angelito a quien soplaron en el vientre de tu madre. Por eso eres diferente a las de más porque en otra vida en que fuiste anoréxica también les hicisteis burlas a otras que eran gorditas como eres tú ahora, es decir, esas que hoy te hacen burlas, aunque la esté viendo
- flacas, fueron las mismas gorditas que en otra vida en que tu era flaca tu les hicisteis lo mismo.

El aprendizaje radica en entender, "que no debes hacer a otro, lo que no quieres que te hagan a ti".

En esa aparente y simple expresión, consiste la justicia, siembra flores y cosechará jardines, porque siempre recibirá lo que des, y cosechará lo que siembre, esa es la ley de la vida, que aunque tú la escoges antes de nacer, debe cuidar de no desviarte del propósito dentro del libre albedrio, que es algo así como…. Una gran tela de araña que con sus enredaderas te vas bloqueando el camino y si tu no despierta y te fija bien el camino por donde andas, podría llegarse un momento en que ya este acorralado y llegue la hacedora de la enredadera, y te succiones la vida, ese es el simple juego de vivir.----- Dijo Kurt, y quienes se detuvieron a escucharlo, enseguida determinaron que aquel era un nicho sabio, que tenía la facultad de discernir y expresar grata consejería.

- Ok, Kurt, eres maravilloso, te adoro Kurt.

---- Yo también te a doro Dijo mientras mirando a quienes lo escuchaban agregó:

- Y ustedes no hagan a su prójimo lo que no quieren que le hagan a ustedes, dejen de burlarse de Jely Expresó.

Pausó, miró a su derredor y como desafiando a los que lo escuchaban al tiempo que miraba a Jely a los ojos agregó:

- En tu caso mi querida Jely, no tienes que preocuparte porque si tus glúteos tienen celulitis, yo los decoro con grafitis Dijo.

Todos se echaron a reír, incluyendo Jely , la cual se mostraba atónita y sin perder más tiempo le respondió con ternura:

---- Kurt eres tan dulce que me faltan palabras para expresarte mi agradecimiento, gracias, eres muy gracioso, eres mi mejor amigo y siempre te defenderé.

Jely besó a Kurt que era flaco y le parecía grato tener una gordita para recostar la cabeza, a partir de ese momento, Jely y Kurt andaban de novios, las flacas del aula andaban celosas, porque según ellas, Kurt las habías desechados a ellas para andar con Jely la gordita que de un momento a otro, había dejado de ser entretenimiento del curso y había logrado llamar la atención de Kurt

Gurú, líder de la juventud, y el más codiciado trofeo del aula.

Por su parte cuando Jely miraba reunido al grupo que la asediaba, ella le pasaba por el lado y le cantaba:

<< Entendí que no somos este cuerpo, que el espíritu dentro de mi, es el gran concierto, ahora soy feliz>>, mientras el grupo miraba en silencio, en realidad, aquellos habían aprendido la gran lección de la vida.

Pasó el tiempo y Honoré Deo Gurú y su familia habían evolucionados, grandemente, bendecidos y conscientes, pero Honoré sabía que había una guerra que el hombre no ganaría, aun con todas sus tecnologías: Era la guerra contra la muerte, sin embargo él no podía evitar su longevidad, porque todo lo relacionado con él, era de forma natural.

Como les había dicho, grandes bendiciones fueron alcanzadas, por Honoré y su familia y el esplendor del sol, intensificó su iluminación y el Dios de su ser guardaba sus avances en control, los poderes terrenales le brotaban para la justicia humanitaria, el mundo los amabas y Kadys, Kurt Gurú y Honoré se sentían reconfortados y todos hablaban de la familia Gurú, y cuando el cambio de era se agudizó, y la antigua generación se desmoronó, apareció Dios y se mostraba antes los humanos para que todos se expresaran, de acuerdo a la bondad de su corazón, pero el resplandor del rostro de Dios impedían que los humanos pudieran mirar su rostro y todos caían aplastados antes sus pies.

Dios sabía que la humanidad se había contaminado y eran muchos los "Ciborg disfrazados de humano que solo se detectaban cuando hablaban y las vibraciones de sus espíritu los iba desactivando cuando aquellos intentaban radicalizar su condición existencial.

Todas estas destrucciones se iban generando en la medida que Honoré, Kadys y Kurt Guru pensaban en las condiciones de maldades o bondades que poseían ellos, los Ciborgs los daños que habían provocados durante su tiempo después de haber sido fabricados y que habían empezados a desobedecer a sus programadores, a quienes se le había ido de las manos la acción de control de la programación de aquellos en la tierra, por lo que el sólo hecho de Honoré, Kadys y Kurt pensar en la maldades de aquellos, producía que las cabezas de los Ciborgs se fueran reventando como si fueran calabazas.

Dios había delegado poderes a los Gurú, a fin de sanear el planeta, la maldad, el engaño, la traición y la violencia había crecido en la tierra y los tecnólogos habían perdidos el control de los Ciborgs, aquellos intentaron rebelarse y a los Gurú se les intensificó el trabajo porque sólo aquellos traían el poder natural para destruir a aquellas maquinarias sardónicas, que habían empezados a sembrar el terror en los sectores de la humanidad, donde los

Ciborgs operaban, por lo que se vieron precisados a poner a volar objetos con las mentes dirigidos a los Ciborgs los cuales, inmediatamente entraban en contacto con tales objetos, inmediatamente se destruían, siendo esa una de las formas en que los Gurú habían logrados pacificar la tierra, Dios había intensificado el poder de los Gurú, de manera que la mentes de aquellos operara como un radar ampliado, de forma tal que aquellos pudieran detectar el peligro en cualquier lugar del mundo, y pudieran recurrir a imponer el orden, los Gurú eran voltron, entiéndase exploradores universales que cada dos mil años cuando se aproximaba un cambio de era, ellos aparecían como una familia encarnada, según fuera el planeta facultados para imponer el orden en cualquier planeta del universo. aquella lucha de poderes en la tierra se había generado cuando los humanos dejaron de sentir amor entre ellos, y una hambruna había azotado a los habitantes del planeta lo que había generado una lucha de poderes, que intensificó el egoísmo llevando al hombre a la opresión de uno por el otro, sin que le quedara otro camino que optar por recurrir a la guerra. En una ocasión y en medio de tales confusiones, a Honoré se le presentó una vampiresa acompañada de una doncella, el también andaba acompañado de un asistente, la doncella se lanzó sobre el asistente de Honoré y logró sorberse un buche de sangre del cuello de Menelao el asistente de Honoré, tal acción impresionó a la vampiresa reina de forma tal que intentó hacer lo mismo con Honoré, pero al intentarlo aquella se había derretido como una gelatina a los pies

de Honoré, después, aquel la incorporó y la volvió a su forma original, ella le preguntó:

----- Por qué intento doblegarte sin lograrlo?
Preguntó aquella.

En cambio Honoré serenamente respondió Es mi naturaleza, soy el motor que mueve la razón, han querido obnubilar mi comprensión, y sus mentiras y maldades, son cuerdas de sus malestares Dijo.

La Vampiresa y su asistente se inquietaron al percatarse que la naturaleza de Honoré, pudo ser peligrosa para el propósito existencial de ellas, por lo que ipso facto y antes los ojos de Honoré, huyeron al grado de desaparecer antes

los ojos de aquellos, Honoré optó por curar a Menelao usando ajo con limón para borrar la cicatriz, de la mordida recibida de la asistente de la Vampiresa.

Dios le reveló a Honoré, que en el centro de la tierra habitaban seres primigenios que tenían poderes mágicos y que podían convertirse en sus propias creaciones, le especificó que aquellos habían sido fatalizados por las religiones y habían sido renombrados como ángeles caídos, y que su condición

de seres primigenios los había facultados para crear un sol artificial que le permitía su forma de Vida, también le dijo que unos años más delante de la

misma manera que los humanos se enteraron de que la tierra era redonda, teniendo que re-escribir la historia al encontrarse el espacio nombrado como "el nuevo mundo", así se sabría que los habitantes de la Atlántida, la ciudad perdida, habían emigrados al centro de la tierra, y que muchos gobiernos lo sabían y habían guardado silencio, porque aquellos eran Dioses primigenios que vieron hundida su ciudad, por un rayo láser lanzado desde la luna por contrincantes que ellos tuvieron en aquellos tiempos, y que debido a sus facultades se refugiaron en el centro de la tierra y construyeron su propia ambientación, y que desde entonces habitaban en el subterráneo, haciéndose cada vez más poderosos y avanzados que los humanos, de manera que así como los habitantes de otros mundos, tenían platillo voladores, también ellos los tenían.

También le especificó de cómo había él sido puesto en el planeta tierra, y el propósito.

Le reveló además, que el triángulo de las bermudas era una puerta que arrastraba hacia el mundo subterráneo todo lo que le anduviera cerca incluyendo barcos, aeroplanos y otros tantos objetos.

También le dijo que el área de la antártica, era otra puerta que en cierto momento en el tiempo, los militares de los estados salvadores habían intentados profanarla,

pero habían sido mermados y advertidos que bajo ninguna circunstancias debían intentar aproximarse a ese lugar, por lo que el gobierno desde entonces tomó las medidas de lugar para mantener esa área como zona protegida de los estados salvadores.

Le advirtió que la zona 51, era una especie de laboratorio, donde los de abajo enseñaban parte de su ciencia a algunos escogidos, y que los que enseñaban en la zona 51, se camuflajeaban de humanos, para que los alumnos no se asustaran, pero que ellos manejaban la hipnosis, haciendo que si alguno intentara revelarse, se viera precisado a obedecerle bajo el trance de esa herramienta. Toda esta información había sido revelada como un mecanismo de salvación, por eso de que el conocimiento salva.

Pero a pesar de todas las advertencias el hombre no se detenía, y al no poder hacer nada contra los de abajo, trataba de encontrar la forma de como expandirse hacia arriba, por lo que se le había entrado un afán s enviar

tripulaciones a Marte y a la luna, tratando de comprobar si podían hacer de estos un hacinamiento humano, ignorando lo acontecido en la torre de babel, para entender que "no se debía construir escalera para llegar al cielo".

Muchos de los que habían humillados y abusados de su poder contra Honoré, se les llegó el tiempo de arrastrarse frente a él, mendigando su perdón, pues muchos de ellos se enteraron que él, Kurt Gurú y Kadys, traían el poder de matar a través del pensamiento.

Kurt Guru se había levantado como un hombre de bien que luchaba del lado de la justicia, y se hizo científico con un amplio dominio de la física quántica, las matemáticas, y la geometría aportando grandemente a la humanidad el conocimiento de la astronomía y las razas universales.

Su hermana Kadys se destacó en la medicina veterinaria al grado de devolver el espíritu a los animales que pudieran ser de utilidad a los humanos, y además enseñaba anatomía ancestral en varias universidades de su estado.

La tierra se había transformado, la delincuencia se había erradicado, y el renacimiento de la luz veló la oscuridad,

El hombre había alcanzado la paz, y un paraíso terrenal se hizo en el planeta para andar.

Después del cumplimiento de su misión terrenal, Honoré le contó a Kurt y a Kadys la razón del motivo de la estadía, les informó que él tenía que regresar pero que ellos debían permanecer en la tierra hasta que se les informe del regreso, les advirtió que no lloren su partida porque el seria levantado y que solo ellos que traían la facultad de dos

Emanueles lo acompañarían en su partida, y así fue, nadie supo nada, solo Kurt y Kadys, lo habían acompañado a la orilla de la playa donde hacia cien años había aterrizado la nave que lo había traído a la tierra, y aunque en aquel entonces no se vio a nadie que saliera de la nave a dejarlo donde Rudolf Gurú, en aquella ocasión apareció a orilla de la playa alguien de la tripulación que lo acompañaría a la nave, se trataba de una entidad de 6 pies, parecía un gigante, saludó a Kurt y a Kadys telepáticamente, les paso la mano por la cabeza a ambos, los cuales al ser tocados recibieron un enorme poder cerebral, Honoré ya se había despedido de ellos, al momento que la entidad de piel cobriza y color aceituna puso un brazo sobre el hombro derecho de Honoré, y como impulsado por un rayo, flotaban antes la presencia de Kadys y Kurt en dirección a la nave, que se mantenía flotando sobre la superficie de la orilla, se abrió una compuerta y el rayo que lo hacía flotar, los depositó en el interior de

la nave e ipso facto alzó el vuelo frente a los ojos de Kadys y Kurt Gurú, quienes al percatarse de su partida sollozaron entrelazados.

Eran las siete de las noche, el universo se pobló de estrellas y una nueva generación llegaría a poblar la tierra.

New York/ 2023.

EXPRESIÓN DEL ALIENÍGENA
DE LA REDENCIÓN

Es duro admitirlo, pero hay que decirlo. Mariano Morillo B. PhD. Cronista de América, y autor de redención, con su estilo distinguido, conduce al lector por camino de amor y hace de la ficción, una realidad de honor.

Ahora nos entrega una trilogía literaria de diversidades que podría aparecer por parte, o en un solo tomo.

El libro uno contiene aforismos, frases célebres y anécdotas.

El libro dos encierra poesías, canciones y versos diversos, en cambio el libro tres cuenta con una antología de cuentos con una temática revelativa que rompe los tabúes que ha venido intrigando a la humanidad en función de percepción cotidiana, el propósito y el porqué de la tradición, y muestra la realidad como ficción en los subtítulos:

El Enano. Los Miserables Mafiosos. El Justiciero invisible. Y El Alienígena.
El planeta tierra avanzaba vertiginosamente hacia cambios radicales, con sus oleadas conspirativas.

Las persecuciones estaban a flor de piel, y el hombre cada día se desentendía de sus responsabilidades, generando un Cordón de dificultades sostenidas por grupos dispuestos a manipular la intensión y el propósito de sus semejantes para inducirlos sus pretensiones.

La aspiración de un nuevo orden empujaba a una fosa común donde quedarían sepultados aquellos que no comulgaran con los dictámenes de la organización del caos, que había diseñado un radical estilo de persecución y manipulación, haciendo sucumbir en el camino a quienes no pudieran sobrevivir, a la presión social del nuevo patrón existencial.

El alienígena se dirigió a la humanidad, principalmente al conglomerado que se sentía atrapado y le habló de la verdad que indujo a la libertad, generándose una convulsión que despertó a las masas y la condujo de la persecución a la rebelión que superó la destrucción dándole la liberación.

Saboreemos pues, el banquete de Dios, para el disfrute de los Dioses, recibamos la Expresión Del Alienígena De La Redención.

www.ingramcontent.com/pod-product-compliance
Lightning Source LLC
LaVergne TN
LVHW010157070526
838199LV00062B/4404